迈上新征程
铸就新辉煌

《中共中央 国务院关于
深化产业工人队伍建设改革的意见》解读

推进产业工人队伍建设改革协调小组办公室◎编

中国工人出版社

迈上新征程 铸就新辉煌

《中共中央 国务院关于深化产业工人队伍建设改革的意见》解读

主　编：徐留平

副主编：马　璐

前　言

2024年10月12日，中共中央、国务院印发了《关于深化产业工人队伍建设改革的意见》(以下简称《意见》)，这是继2017年中共中央、国务院印发《新时期产业工人队伍建设改革方案》后，时隔七年，再次就深化产业工人队伍建设改革作出战略部署。《意见》的出台，是贯彻落实习近平总书记关于工人阶级和工会工作重要论述的重大举措，是贯彻落实党的二十大、二十届三中全会精神作出的重大部署，是进一步全面深化改革的重要组成部分，是推进中国式现代化建设的必然要求。深入学习宣传贯彻《意见》，是当前和今后一个时期推进产业工人队伍建设改革的重要任务。

为便于各级党委和政府、工会、企业、产业工人以及社会各界全面了解掌握深化产业工人队伍建设改革的重要意义、工作思路、主要举措、落实要求等，切实凝聚思想共识、明确目标任务、厘清工作思路、增强工作动力，推进产业工人队伍建设改革协调小组编写了《迈上新征程 铸就新辉煌:〈中共中央 国务院关于深化产业工人队伍建设改革的意见〉解读》。

在该书编写过程中，得到了推进产业工人队伍建设改革协调小组各单位、相关专家的大力支持，在此表示衷心的感谢!

编　者

2025年3月

目　录

绪 论
以高度的政治自觉和强烈的使命担当推动产业工人队伍建设改革走深走实

第二章 保障产业工人主人翁地位

第三章

完善产业工人技能形成体系

第四章
健全产业工人职业发展体系

第五章
维护产业工人劳动经济权益

附 录

绪　论
以高度的政治自觉和强烈的使命担当推动产业工人队伍建设改革走深走实

产业工人队伍建设改革是习近平总书记亲自谋划、亲自部署、亲自指导的重大改革，是以习近平同志为核心的党中央着眼于巩固党的执政基础、实施制造强国战略、全面提高产业工人素质作出的重大决策部署，是全面深化改革的重要内容。党的二十届三中全会审议通过的《中共中央关于进一步全面深化改革、推进中国式现代化的决定》强调要“建设一流产业技术工人队伍”，对新时代新征程深化产业工人队伍建设改革作出新部署、提出新要求。2024 年 10 月 12 日，中共中央、国务院印发《关于深化产业工人队伍建设改革的意见》（以下简称《意见》），明确提出 9 个方面、27 条重要举措。这是贯彻党的二十届三中全会精神作出的重大部署，充分体现了习近平总书记和党中央对工人阶级和工会工作的高度重视，对广大产业工人的关心关怀，为进一步深化产业工人队伍建设改革指明了方向。我们要深入学习宣传，坚决贯彻落实，努力推动产业工人队伍建设改革走深走实。

第一节 深入学习贯彻习近平总书记关于产业工人队伍建设改革的新思想新观点新要求

新时代以来，习近平总书记热忱关心关爱产业工人，高度重视产业工人队伍建设改革，多次就推进产业工人队伍建设改革、发挥产业工人作用发表重要讲话、作出重要指示，提出一系列新思想新观点新要求，为推进改革提供了科学指引，指明了前进方向。

一、明确提出产业工人队伍建设改革的目标要求

2018 年 10 月 29 日，习近平总书记在同全国总工会新一届领导班子成员集体谈话时指出，产业工人队伍建设改革是党和国家一项具有战略性、全局性的重大决策部署，工会要牵头抓好贯彻落实，引导广大产业工人勤于钻研技术，练就过硬本领，加快建设一支宏大的知识型、技能型、创新型产业工人大军。2020 年 11 月 24 日，在全国劳动模范和先进工作者表彰大会上强调，要推进产业工人队伍建设改革，落实产业工人思想引领、建功立业、素质提升、地位提高、队伍壮大等改革措施，造就一支有理想守信念、懂技术会创新、敢担当讲奉献的宏大产业工人队伍。2022 年 4 月 27 日，在致首届大国工匠创新交流大会贺信中强调，各级党委和政府要深化产业工人队伍建设改革，重视发挥技术工人队伍作用，使他们的创新才智充分涌流。2023 年 10 月 23 日，在同全国总工会新一届领导班子成员集体谈话时强调，要围绕深入实施科教兴国战略、人才强国战略、创新驱动发展战略，深化产业工人队伍建设改革，加快建设一

支知识型、技能型、创新型产业工人大军，培养造就更多大国工匠和高技能人才。

二、明确强调工人阶级和产业工人的重要地位作用

习近平总书记在致首届大国工匠创新交流大会贺信中强调，技术工人队伍是支撑中国制造、中国创造的重要力量。2022 年 10 月 17 日，习近平总书记在参加党的二十大广西代表团讨论时指出，紧紧依靠工人阶级是必不可少的，工人阶级代表先进生产力。不能瞧不起产业工人。一定要转变观念，大力培养产业工人。在党的二十大报告中指出，教育、科技、人才是全面建设社会主义现代化国家的基础性、战略性支撑。2023 年 10 月 23 日，习近平总书记在同全国总工会新一届领导班子成员集体谈话时强调，要坚持全心全意依靠工人阶级的根本方针，充分调动广大职工群众的积极性、主动性、创造性，积极投身全面推进强国建设、民族复兴的伟大事业。2024 年 9 月 27 日，习近平总书记回信勉励中国一重产业工人代表，希望他们坚守技能报国初心，弘扬劳模精神、劳动精神、工匠精神，苦练内功、提高本领，继续为建设制造强国、推动东北全面振兴贡献智慧和力量。

三、明确大力加强对产业工人的思想政治引领

2018 年 10 月 29 日，习近平总书记在同全国总工会新一届领导班子成员集体谈话时指出，引导职工群众听党话、跟党走，巩固党执政的阶级基础和群众基础，是工会组织的政治责任。在党的二十大报告中，习近平总书记提出，注重从青年和产业工人、农民、知识分子中发展党员。2023 年 10 月 23 日，习近平总书记在同全国总

工会新一届领导班子成员集体谈话时强调，要加强思想政治引领，做好职工思想政治工作，教育引导广大职工坚定不移听党话、跟党走，确保工人阶级始终是我们党最坚实最可靠的阶级基础。2025 年 3 月 6 日，习近平总书记在看望参加全国政协十四届三次会议的民盟、民进、教育界委员时强调，要聚焦用新时代中国特色社会主义思想铸魂育人，把德育贯穿于智育、体育、美育、劳动教育全过程。

四、明确重视发挥劳动模范和工匠人才的示范带动作用

2018 年 10 月 29 日，习近平总书记在同全国总工会新一届领导班子成员集体谈话时指出，工会要协同各个方面为劳动模范、大国工匠发挥作用搭建平台、提供舞台，为劳模、工匠传承技能、传承精神创造条件，培养造就更多劳动模范、大国工匠。2019 年 9 月，习近平总书记在对我国技能选手在第 45 届世界技能大赛上取得佳绩的重要指示中强调，要在全社会弘扬精益求精的工匠精神，激励广大青年走技能成才、技能报国之路。在党的二十大报告中，习近平总书记指出，加快建设国家战略人才力量，努力培养造就更多大师、战略科学家、一流科技领军人才和创新团队、青年科技人才、卓越工程师、大国工匠、高技能人才。2023 年 10 月 23 日，习近平总书记在同全国总工会新一届领导班子成员集体谈话时指出，要大力弘扬劳模精神、劳动精神、工匠精神，发挥好劳模工匠示范引领作用，激励广大职工在辛勤劳动、诚实劳动、创造性劳动中成就梦想。2024 年 3 月 5 日，习近平总书记在参加十四届全国人大二次会议江苏代表团审议时强调，要实实在在地把职业教育搞好，要树立工匠精神，把第一线的大国工匠一批一批培养出来。

五、明确努力提升产业工人技术技能素质

2015 年 4 月 28 日，习近平总书记在全国劳动模范和先进工作者表彰大会上指出，劳动者素质对一个国家、一个民族发展至关重要。要适应新一轮科技革命和产业变革的需要，密切关注行业、产业前沿知识和技术进展，勤学苦练、深入钻研，不断提高技术技能水平。2022 年 4 月 27 日，习近平总书记在致首届大国工匠创新交流大会贺信中强调，我国工人阶级和广大劳动群众要大力弘扬劳模精神、劳动精神、工匠精神，适应当今世界科技革命和产业变革的需要，勤学苦练、深入钻研，勇于创新、敢为人先，不断提高技术技能水平。2023 年 9 月 1 日，习近平总书记在给中国航发黎明发动机装配厂“李志强班”职工的回信中强调，要牢记使命责任，坚定航空报国志向，弘扬劳模精神、工匠精神，努力攻克更多关键核心技术，加快航空发动机自主研制步伐，让中国的飞机用上更加强劲的“中国心”，为建设航空强国、实现高水平科技自立自强积极贡献力量。2025 年 3 月 6 日，习近平总书记在看望参加全国政协十四届三次会议的民盟、民进、教育界委员时强调，要完善人才培养与经济社会发展需要适配机制，提高人才自主培养质效。

六、明确用心用情做好产业工人维权服务工作

2018 年 10 月 29 日，习近平总书记在同全国总工会新一届领导班子成员集体谈话时强调，哪里的职工合法权益受到侵害，哪里的工会就要站出来说话。2021 年 8 月 17 日，习近平总书记在中央财经委员会第十次会议上指出，技术工人也是中等收入群体的重要组成部分，要加大技能人才培养力度，提高技术工人工资待遇，吸引更

多高素质人才加入技术工人队伍。在党的二十大报告中，习近平总书记指出，全心全意依靠工人阶级，健全以职工代表大会为基本形式的企事业单位民主管理制度，维护职工合法权益。2023 年 4 月 30 日，习近平总书记在向全国广大劳动群众致以“五一”节日祝贺和诚挚慰问时指出，各级党委和政府要充分激发广大劳动群众的劳动热情和创新创造活力，切实保障广大劳动群众合法权益，用心帮助广大劳动群众排忧解难。2023 年，习近平总书记在同全国总工会新一届领导班子成员集体谈话时指出，工人阶级和广大劳动群众是社会财富的主要创造者，推动全体人民共同富裕取得更为明显的实质性进展，首先要体现在亿万劳动者身上。

习近平总书记站在党和国家工作全局的战略高度，深刻回答了为什么推进产业工人队伍建设改革、怎样推进产业工人队伍建设改革等一系列重大理论和实践问题，鲜明提出了推进产业工人队伍建设改革的总体思路、目标要求、重要举措等，进一步深化了我们党对产业工人队伍发展变化与特点规律的认识，是深化产业工人队伍建设改革的根本遵循和行动指南。

第二节　充分认识产业工人队伍建设改革取得的积极成效

自 2017 年中共中央、国务院《新时期产业工人队伍建设改革方案》实施以来，按照党中央的部署，全国总工会认真履行牵头抓总职责，各单位积极推进落实分工任务，改革取得了重要阶段性成效。

一、着力加强思想政治建设，产业工人理想信念更加坚定

2021 年，中共中央办公厅、国务院办公厅印发《关于加强和改进新时代产业工人队伍思想政治工作的意见》。中央组织部从 2018 年开始连续下达产业工人发展党员指导性计划，基本实现职工 50 人以上企业有党员、职工 100 人以上企业有党组织的目标，产业工人党员发展力度不断加大。全国总工会大力弘扬劳模精神、劳动精神、工匠精神，联合中央宣传部开展“最美职工”等学习宣传活动，发布全国“最美职工”110 名个人和集体，举办“中国梦 · 劳动美”五一特别节目，联合教育部深入开展“劳模工匠进校园”行动、联合中央广播电视总台发布 5 届 50 名“大国工匠年度人物”。健全保证产业工人主人翁地位的制度安排，在第十四届全国人大代表中，一线工人农民代表占代表总数的 16.69%。郭明义、巨晓林、高凤林担任全国总工会兼职副主席，省级工会兼职副主席中劳模和一线职工有 70 人，占 58.3%。加大表彰激励力度，许振超被授予“人民工匠”国家荣誉称号；马毛姐、艾爱国、黄宝妹等 3 名产业工人党员被授予“七一勋章”。2020 年全国劳动模范表彰中，一线工人、企业技术人员占企业职工和其他劳动者的 71.1%；2018 年以来全国五一劳动奖章获奖者中产业工人比例均超过 40%。

二、着力构建技能形成体系，产业工人技术技能不断提升

全国总工会构建“1+1+N”工匠学院体系，截至 2024 年，已建设各级各类工匠学院 1000 家；建设“技能强国 – 全国产业工人学习社区”，累计培训职工超 2 亿人次；联合教育部开展农民工学历与能力提升行动计划——“求学圆梦行动”，帮助 240 多万农民工提

升学历和技能；联合科技部实施高技能领军人才境外培训计划，打造“鲁班学艺——中国工匠人才出国（境）培训项目”，组织产业工人积极参与实施“走出去”战略和“一带一路”建设；联合国务院国资委印发《关于充分发挥国有企业在推进产业工人队伍建设改革中带动作用的意见》，建立和完善贯穿产业工人职业生涯全过程的职业技能培训制度。大力培养大国工匠，实施大国工匠人才培育工程，制定《大国工匠人才培育工程实施办法（试行）》和《大国工匠激励保障专项资金管理办法（试行）》，2024 年举办首届人才培训营；连续举办两届大国工匠创新交流大会，习近平总书记向首届大国工匠创新交流大会致贺信。截至 2024 年，已选树大国工匠 112 名，带动培养省级工匠 9200 多名、地市级工匠人才 4.5 万名，创建 297 家全国示范性劳模和工匠人才创新工作室，各级各类创新工作室 10.5 万家；2023 年开始创新实施“劳模工匠助企行”专项行动，截至 2025 年 1 月底，累计组织劳模工匠开展 2.1 万次活动，解决技术问题 4 万多个，帮助产业工人提升技能水平 53.3 万人次，助力中小微企业高质量发展。教育部开展省域现代职业教育体系建设新模式试点，建设市域产教联合体，打造行业产教融合共同体。国家发展改革委认定国家产教融合试点城市，支持各地建设公共实训基地、培育产教融合型企业。人力资源社会保障部推进技工教育高质量特色发展，推行工学一体化技能人才培养模式。2025 年 1 月，人力资源社会保障部、国家发展改革委、教育部、工业和信息化部、财政部、国务院国资委、市场监管总局、全国总工会等 8 部门发布《关于推动技能强企工作的指导意见》。全国技能劳动者超过 2 亿人，占就业人员总量的比例超过 27%；高技能人才超过 6000 万人，占技能人才的比例达到 30%。

三、着力畅通职业发展通道，产业工人建功立业平台更加广阔

全国总工会制定《“十四五”劳动和技能竞赛规划（2021—2025年）》，广泛开展劳动和技能竞赛，举办全国职工职业技能大赛、首届全国职工数字化应用技术技能大赛、首届全国“红旗杯”班组长大赛等。近5年来，联合国家有关部门举办国家级一类职业技能大赛30余项、9500多万人次参加；各级工会组织1.32亿人次参加各级各类技能竞赛，帮助351.78万产业工人通过各类大赛晋升技能等级。加大创新创效扶持力度，推荐一线产业工人参评国家科技进步奖等，2017年以来共推荐8名产业工人获评国家科技进步奖二等奖；4名产业工人荣获全国创新争先奖状，推荐的发明专利项目获得中国专利奖金奖1项、银奖2项、优秀奖39项；会同科学技术部、工业和信息化部、人力资源社会保障部开展3届全国职工优秀技术创新成果交流活动，设立职工创新补助资金，已补助一线职工创新项目329项，已结项补助项目获专利授权610个，获国家级、省市级等奖项232项。启动全国“五小”等群众性创新系列活动，召开“五小”创新成果发布，带动全国3733.9万名职工参与“五小”活动，形成“五小”成果337.5万项。全国总工会积极推动创建“工会服务职工技能云”和“工会服务职工创新创造云”，打造产业工人创新创造、建功立业的智能服务系统。人力资源社会保障部健全完善技能人才评价制度，建立并推行“新八级工”职业技能等级制度，已评聘4000多名特级技师、首席技师。健全国家职业分类体系和新职业信息发布制度，修订颁布2022年版国家职业分类大典，2024年发布19个新职业、28个新工种。2018年以来，先后制定修订颁布488个国家职业标准。

四、着力维护合法权益，产业工人获得感、幸福感、安全感不断提高

全国总工会积极发挥国家协调劳动关系三方作用，完善最低工资标准调整方案，推动企业开展工资集体协商，建立健全技术工人技能薪酬体系和创新创造激励机制。扎实开展职工就业质量状况调研，初步构建职工就业质量指标体系；建成全国首个公益性、智能化、直聘类就业服务平台“就业帮扶云”，扶持 32 万名劳动者实现创业，带动就业 184 万人。全面推行工会劳动法律监督“一函两书”制度，与最高法、最高检建立劳动法律监督协同协作机制。加强企业职工代表大会听取安全生产和职业健康专题报告工作，持续推进劳动安全卫生专项集体合同签订工作。加强新就业形态劳动者等重点群体维权服务，2021 年起，以货车司机、网约车司机等 4 个群体为重点，部署开展新就业形态劳动者入会集中行动。截至 2024 年 7 月，全国发展新就业形态劳动者会员约 1600 万人。畅通新就业形态劳动者维权渠道，推动 12 家头部平台企业建立与工会、劳动者代表的协商机制，覆盖新就业形态劳动者 1780 万人。组织实施工会驿站“双 15 工程”和“新双 15 工程”，截至 2024 年，全国工会驿站已超过 18 万个，覆盖近 2 亿职工群众，每天服务 230 多万人次。2025 年 1 月，中央社会工作部、中央网信办、公安部、人力资源社会保障部、住房城乡建设部、市场监管总局、国家邮政局、全国总工会等 8 部门联合出台措施，指导加强快递员、网约配送员服务管理，推动构建和谐劳动关系，切实维护各方合法权益。

五、着力加强宣传引导，关心支持改革的社会氛围日益浓厚

全国总工会召开“产业工人队伍建设改革五周年”新闻发布会，开设“推进产业工人队伍建设改革进行时”等专栏，发布推进产业工人队伍建设改革倡议书，与中央宣传部、国家广播电视总局等单位共同指导推出电影《钢铁意志》、电视剧《麓山之歌》、电视专栏《匠心闪耀》等展现产业工人风采影视力作，在全社会引起热烈反响。加强典型培育和经验推广，选取 25 个地方和企业开展全国层面的产改试点，带动各级各类试点超过 4000 个，形成一批典型经验，编辑出版《产业工人队伍建设改革试点案例汇编》《产业工人队伍建设改革职工知识 50 问》等，发布产改创新案例。着力叫响做实大国工匠品牌，指导各地建设劳模工匠馆，设立工匠日，引导广大劳动者走技能成才、技能报国之路。社会参与热情高涨，2023 年中国民营企业 500 强中有 405 家实施产业工人队伍建设改革，占比 81%。

第三节 准确把握《意见》的精神实质和主要内容

《意见》在全面总结 7 年来改革成效的基础上，针对产业工人队伍建设难题、产业工人队伍结构变化新挑战，积极适应新一轮科技革命和产业变革，围绕发展新质生产力、推动高质量发展，坚持系统观念、问题导向、守正创新，聚焦建设一流产业技术工人队伍，研究提出了深化产业工人队伍建设改革的具体举措，为推动改革走深走实奠定了坚实的基础。

一、深刻领会深化产业工人队伍建设改革的重大意义

产业工人是工人阶级的主体力量，是创造社会财富的中坚力量，是实施创新驱动发展战略、加快建设制造强国的骨干力量。深化产业工人队伍建设改革，是进一步全面深化改革的重要组成部分，是推进中国式现代化建设的必然要求，是落实以人民为中心的发展思想、贯彻全心全意依靠工人阶级根本方针的重要体现，对于巩固党长期执政的阶级基础和群众基础，进一步彰显产业工人的主人翁地位，激发广大产业工人投身党和国家事业的积极性主动性创造性，为全面建设社会主义现代化国家，实现党的第二个百年奋斗目标建功立业，具有十分重要的意义。

二、深刻领会深化产业工人队伍建设改革的总体要求

深化产业工人队伍建设改革，必须坚持以习近平新时代中国特色社会主义思想为指导，全面贯彻党的二十大和二十届二中、三中全会精神，深入贯彻习近平总书记关于工人阶级和工会工作的重要论述，坚持和加强党的全面领导，坚持全心全意依靠工人阶级的根本方针，深刻领悟“两个确立”的决定性意义，增强“四个意识”、坚定“四个自信”、做到“两个维护”，坚持系统观念、问题导向、守正创新，团结引导产业工人在中国式现代化建设中发挥主力军作用。

三、深刻领会深化产业工人队伍建设改革的主要目标

要通过深化产业工人队伍建设改革，推动思想政治引领更加扎实，产业工人听党话跟党走的信念更加坚定，干事创业的激情动力

更加高涨，主人翁地位更加显著，成就感获得感幸福感进一步增强；劳动光荣、技能宝贵、创造伟大的社会氛围更加浓厚；产业工人综合素质明显提升，大国工匠、高技能人才不断涌现，知识型技能型创新型产业工人队伍不断壮大。力争到 2035 年，培养造就 2000 名左右大国工匠、10000 名左右省级工匠、50000 名左右市级工匠，以培养更多大国工匠和各级工匠人才为引领，带动一流产业技术工人队伍建设，为以中国式现代化全面推进强国建设、民族复兴提供有力人才保障和技能支撑。

四、深刻领会深化产业工人队伍建设改革的重大任务

一是强化思想政治引领，团结引导产业工人坚定不移听党话、跟党走。《意见》提出，要坚持不懈用习近平新时代中国特色社会主义思想凝心铸魂，筑牢团结奋斗的共同思想基础。强调要把劳模精神、劳动精神、工匠精神纳入大思政课工作体系。同时，要大力加强产业工人队伍党建工作。

二是发展全过程人民民主，保障产业工人主人翁地位。《意见》提出要发展全过程人民民主，落实产业工人参与国家治理的制度，完善企业民主管理制度，健全以职工代表大会为基本形式的企事业单位民主管理制度。强调要加强对产业工人主人翁地位的宣传引导，主流媒体要加大对产业工人主人翁地位的宣传力度，营造崇尚劳模、尊重劳动、尊崇工匠的社会氛围。

三是适应新型工业化发展需求，完善产业工人技能形成体系。从国家层面，《意见》提出推动现代职业教育高质量发展，健全产业工人终身职业技能培训制度，加快构建职普融通、产教融合的职业教育体系，创建一批具有较高国际化水平的职业学校，全面推进工

学一体化技能人才培养模式。从企业层面，《意见》提出落实企业培养产业工人的责任，构建以企业为主体、职业学校为基础，政府推动、社会支持、工会参与的技能人才培养体系。从工会和社会层面，《意见》提出发挥工会系统、行业协会、社会培训机构作用，帮助中小企业开展技能培训，打造全国产业工人智能化技能学习平台。

四是健全职业发展体系，促进产业工人成长成才。《意见》注重畅通产业工人纵向、横向两个维度发展通道，以消除产业工人成长成才道路上技能形成和职业发展障碍为抓手，提出一系列依托制度机制保障产业工人发展权益的创新举措。在纵向发展上，《意见》提出，建立以创新能力、质量、实效、贡献为导向，注重劳模精神、劳动精神、工匠精神培育和职业道德养成的技能人才评价体系，把大国工匠、高技能人才纳入党管人才总体安排统筹考虑，健全“新八级工”职业技能等级制度。在横向贯通上，《意见》提出，引导企业建立健全产业工人职业生涯指导计划，推进学历教育学习成果、非学历教育学习成果、职业技能等级学分转换互认，建立职业资格、职业技能等级与相应职称、学历的双向比照认定制度，健全专业技术岗位、经营管理岗位、技能岗位互相贯通的长效机制。

五是维护劳动经济权益，增强产业工人成就感获得感幸福感。《意见》提出，要提高产业工人经济收入，提高劳动报酬在初次分配中的比重，完善产业工人工资决定、合理增长、支付保障机制，多措并举推动企业建立健全基于岗位价值、能力素质、创新创造、业绩贡献的技能人才薪酬分配制度，探索对大国工匠、高技能人才实行年薪制、协议工资制和股权激励等。强调要加强产业工人服务保障，建立以社会保障卡为载体的产业工人电子档案，健全并落实产业工人疗养休养制度，积极做好新就业形态劳动者建会入会和维权服务工作，推动平台企业建立与工会、劳动者代表常态化沟通协商机制。

六是搭建建功立业平台，发挥产业工人主力军作用。《意见》提出，要深入开展劳动和技能竞赛，围绕重大战略、重大工程、重大项目、重点产业，支持企业开展形式多样的劳动竞赛、技能比武。强调要激发产业工人创新创造活力，广泛开展群众性创新活动，引导和支持大国工匠、高技能人才参与重大技术革新、科技攻关项目，加强产业工人创新成果知识产权保护。强调要发挥劳模和工匠人才的示范引领作用，加强工作室平台建设，推动在专精特新中小企业、专精特新“小巨人”企业中加强创新工作室建设，鼓励发展跨区域、跨行业、跨企业的创新工作室联盟，实施“劳模工匠助企行”，促进专精特新中小企业发展。

七是壮大产业工人队伍，不断巩固党长期执政的阶级基础和群众基础。在制造业产业工人方面，《意见》强调统筹推进制造业转型升级和保持产业工人队伍稳定，支持和引导企业加强转岗培训，提高产业工人多岗位适应能力，着力解决制造业结构性就业矛盾，让更多高技能人才留在制造业。在青年产业工人队伍方面，《意见》提出加强政策支持和就业指导、就业服务，搭建校企对接平台，改善工作环境和劳动条件，丰富精神文化生活，搭建产业工人成长发展平台，鼓励和支持更多劳动者，特别是青年一代投身制造业，加快推进新型工业化。在农民工方面，《意见》强调围绕产业转型升级，加强对农民工的技能培训，广泛实施求学圆梦行动。促进农民工融入城市，进一步放开放宽城市落户政策，促进进城农民工平等享有城镇基本公共服务。加大公益法律服务惠及农民工力度，把农民工培养成高素质现代产业工人。

八是加强组织领导，合力推进产业工人队伍建设改革。《意见》强调各级党委和政府要加强对产业工人队伍建设改革的组织领导，强化统筹协调，结合实际抓好贯彻落实。要推动促进产业工人队伍建设方面的立法。发挥企业作用，强化国有企业政治责任，支持民营企业更好履行社会责任，鼓励企业将产业工人队伍建设改革情况纳入企业社会责任报告、可持续发展报告。健全社会支持体系，建立产业工人队伍数据统计、调查、监测体系。

第四节 以钉钉子精神抓好产业工人队伍建设改革落实落地

一分部署，九分落实。当前和今后一个时期，要把学习宣传贯彻《意见》列入重要日程认真抓好落实，与贯彻落实党的二十届三中全会精神结合起来，进一步提高政治站位，坚持党委统一领导，政府有关部门各司其职，工会、行业协会充分发挥作用，形成共推改革的整体合力，增强齐抓改革责任感使命感紧迫感，以实际行动推动产业工人队伍建设改革向纵深发展。

一、加强组织领导

把学习宣传贯彻《意见》作为落实习近平总书记重要指示精神的具体行动，推动各级党委和政府加强对产业工人队伍建设改革的组织领导，强化统筹协调，结合实际抓好《意见》的贯彻落实。各级领导干部要结合学习贯彻党的二十届三中全会精神，带好头、作示范，先学一步、深学一层，对《意见》进行原原本本、逐条逐句精读细研，带动党员干部准确领会和把握《意见》的精神实质和核心要义，认真抓好《意见》的学习宣传贯彻工作。制定落实工作方案，明确目标任务、具体举措、标志成果、责任单位和完成时限，实施分类指导，实行挂图作战，研究制定精细化、差异化推进举措，做到分类施策，精准落实。加强考核督促，通过定期考核督查等方式，建立多元考核机制，层层传导压力，跟踪掌握各单位贯彻落实《意见》的进展、遇到的矛盾困难，深入一线问诊把脉，在攻坚克难中推动落实。

二、加强统筹协调

深化产业工人队伍建设改革具有高度的系统性、关联性，要在统筹协调上下功夫，强化合力推进的工作格局。产改协调小组办公室要履行好牵头职责，完善工作细则，加强与协调小组各成员单位的沟通协作，围绕《意见》明确的任务开展项目合作，积极主动参与重大政策制定，努力做到认识统一、步调一致、同向发力，充分发挥协调小组平台机制作用。各全国产业工会要发挥离企业最近、服务产业工人最直接的优势，加强与政府职能部门、行业协会、企业的联动，激发企业参与改革的内生动力，探索建立链主企业引领带动机制，引导更多企业落实改革任务。相关单位要结合工作实际，加强研究和协调，为落实改革举措提供政策研究、智库咨询、新闻宣传、对外交流等支持支撑。各级工会要加强请示汇报，争取党委和政府支持，认真履行牵头抓总职责，加强组织推进机构建设，让产业工人更多分享改革实惠，助力地方经济高质量发展，促进社会和谐稳定。

三、加强制度建设

坚持制度给力、改革发力，实现产业工人队伍建设改革与宏观政策、产业政策、就业政策、社会政策联动。推动研究制定适合本地、本区域的意见，把解决问题、务实管用、简便易行统一起来，使各项政策举措符合客观规律、契合产业工人利益，做到叫好、解渴、管用。推动出台产业工人队伍建设法，及时把产业工人队伍建设改革成果上升为法律制度，运用法治力量，明确相关主体的责任和权利，厘清政策在执行上的模糊空间，做到改革和法治相统一。加强对产业工人队伍建设改革的政策理论研究，鼓励支持各级工会、有关社会部门和全国总工会智库专家积极投身产改研究。对在产改实践中涌现出的成功案例与创新举措及时进行系统梳理与提炼总结，形成可复制、可推广的经验模式。注重研究成果的转化应用，将理论研究成果积极转化为制度规范，形成理论、制度、实践相互促进、良性循环的发展格局。

四、加强舆论宣传

加大宣传宣讲力度，深入企业、车间、班组、生产一线，宣讲深化产业工人队伍建设改革的重大意义和重点举措，增强广大产业工人对深化产改的认识，引导广大产业工人积极支持改革、自觉投身改革。加强政策解读和专题培训，编制产业工人队伍建设改革蓝皮书，准确把握深化改革的核心要义和重点举措。加强典型推广，针对《意见》提出的重要举措，选树培育好先进典型，利用协调小组专报、创新案例发布、全国性会议等平台，加强各地、各单位经验总结交流，把产业工人队伍建设改革不断引向深入。加大宣传力度，发挥主流媒体平台作用，加强与相关新媒体合作，用好“职工之家”APP，掀起学习宣传贯彻《意见》的热潮，加强舆情监测和处理，保持舆论宣传热度，努力营造劳动光荣、技能宝贵、创造伟大的社会氛围。

第一章　强化产业工人思想政治引领

思想政治工作是党的优良传统、鲜明特色和突出政治优势，是一切工作的生命线。中国共产党成立一百多年来，思想政治工作服从服务于党和国家工作大局，有效发挥了统一思想、凝聚共识、鼓舞斗志、团结奋斗的重要作用。《意见》开宗明义提出“强化思想政治引领，团结引导产业工人坚定不移听党话跟党走”，这既是贯彻落实习近平总书记重要讲话精神的重要体现，也是针对我国产业工人队伍状况作出的重要顶层设计。

第一节　持续强化产业工人队伍思想政治工作

《意见》提出：“坚持不懈用习近平新时代中国特色社会主义思想凝心铸魂，推动党的创新理论在产业工人中落地生根，结合实际做好网上思想政治引领，持续抓好主题宣传教育，开展普遍轮训。鼓励支持大国工匠、高技能人才参加国情研修，鼓励支持产业工人参加青年马克思主义者培养工程，深化社会主义核心价值观教育，筑牢团结奋斗的共同思想基础。”

在全国 4.02 亿职工中，产业工人占半数左右，这样一支庞大的队伍，蕴含着无穷的智慧和力量，是实现新时代新征程党的中心任务的力量所在、底气所在。通过扎实有效的思想政治工作，把广大产业工人的共识凝聚起来、力量汇聚起来，责任重大、使命光荣。

一、坚持不懈用习近平新时代中国特色社会主义思想凝心铸魂

习近平总书记指出："学思想，就是要全面学习领会新时代中国特色社会主义思想，全面系统掌握这一思想的基本观点、科学体系，把握好这一思想的世界观、方法论，坚持好、运用好贯穿其中的立场观点方法，不断增进对党的创新理论的政治认同、思想认同、理论认同、情感认同，真正把马克思主义看家本领学到手，自觉用新时代中国特色社会主义思想指导各项工作。"随着经济转型升级和科技快速发展，企业组织形式、产业结构、就业形态等呈现新特点，产业工人队伍发生新变化，产业工人利益诉求日益多样、思想观念更加多元，做好新形势下产业工人思想政治引领工作，任务更繁重、更紧迫。要推动党的创新理论在产业工人中落地生根，坚持以党的创新理论武装头脑、指导实践、推动工作，引导产业工人深刻领悟"两个确立"的决定性意义，增强"四个意识"、坚定"四个自信"、做到"两个维护"。

一是坚持用科学理论武装产业工人。坚持不懈用习近平新时代中国特色社会主义思想凝心铸魂，是做好产业工人思想政治工作的首要任务。要紧扣新时代新征程党的中心任务，面向职工群众广泛宣传中国式现代化理论体系，引导广大产业工人深刻理解中国式现代化的丰富内涵，深刻领悟中国式现代化深厚的历史底蕴、广泛的现实基础和光明的发展前景，自觉把人生理想、家庭幸福融入强国建设、民族复兴的伟业之中，做新时代的追梦人、新征程的奋斗者。要发挥劳模工匠的"头雁效应"，深入开展"万名劳模工匠宣讲党的创新理论"活动，组织各级各类劳模工匠宣讲团进机关、进企事业

单位、进车间班组、进校园、进各类新经济组织和新社会组织，结合自身实际把党的创新理论解释好、讲清楚，推动党的创新理论直达基层。

二是坚持用理想信念引领产业工人。要紧密联系新时代的伟大变革，深化中国特色社会主义和中国梦宣传教育，教育引导广大产业工人树立共产主义远大理想和中国特色社会主义共同理想。要深入实施职工群众思想政治引领建设工程，做强“中国工人大思政课”，唱响中国经济光明论，引导职工坚定不移听党话跟党走，为推动高质量发展建功立业。要加强全国职工爱国主义教育基地建设，充分运用红色工运资源，因地制宜开展参观瞻仰、纪念缅怀、现场教学、学习体验、主题党日、研讨交流等活动，大力宣传我国工人阶级为党和国家事业发展作出的重要贡献、党领导我国工人阶级和工运事业取得的显著成就，让思想引领更有生气、更见神采。要不断改进方式方法，找准思想引领与产业工人需求的契合点，创新话语表达，把“我们想说的”和“产业工人爱听的”结合起来，切实走近产业工人身边、走进产业工人心里。

三是坚持用正确舆论引导产业工人。坚持团结稳定鼓劲、正面宣传为主，精心做好主题宣传、形势宣传、政策宣传、典型宣传等，把习近平总书记的为民情怀、对广大产业工人的殷切期望，广大产业工人对领袖的热爱以及为党和国家事业努力奋斗的感情充分展现出来。要紧扣产业工人的关切开题作答、释疑解惑，唱响劳动光荣、技能宝贵、创造伟大的时代主旋律。要严格落实意识形态工作责任制，加强意识形态阵地建设和管理，切实做到守土有责、守土负责、守土尽责，引导广大产业工人充分发扬识大体、顾大局的光荣传统，在改革中正确处理个人利益和集体利益、局部利益和全局利益、眼前利益和长远利益的关系。

二、深入细致做好产业工人思想政治工作

党的十八大以来，以习近平同志为核心的党中央从巩固全党全国各族人民团结奋斗的共同思想基础、巩固党的执政地位的战略高度，把培育和践行社会主义核心价值观作为凝魂聚气、强基固本的基础工程，不断构筑起日益强劲的中国精神、中国价值、中国力量。要深入细致做好产业工人思想政治工作，推进社会主义核心价值观教育，让劳动光荣、技能宝贵、创造伟大的时代风尚在全社会蔚然成风。

一是做强“中国工人大思政课”。把“中国工人大思政课”搬到工厂车间、生产一线、发展前沿，健全完善企业班组常态化学习制度。总结推广职工岗位“云讲述”“班前十分钟”等行之有效的方式方法，突出“内容为王”，通过投入资源、建设专兼职队伍，打造一批产业工人喜爱的优品、精品、爆品。做强做优网络宣传平台，建好用足直达亿万产业工人的“职工之家”APP，全面加强线上宣传工作。充分发挥和赋能工人文化宫、职工书屋、工会驿站等阵地作用，大幅提升线下宣传能力，引导广大产业工人把思想和行动统一到党中央决策部署上来，以实际行动坚定拥护改革、积极支持改革、自觉投身改革。

二是强化思想政治工作的针对性。鼓励支持大国工匠、高技能人才参加国情研修，帮助其全面了解中国经济社会转型所面临的国内外形势，精准把握构建现代化产业体系所面临的高技术短板，以时不我待的精神攻克技术难关。鼓励支持产业工人参加青年马克思主义者培养工程，锤炼政治品格，厚植家国情怀，锻造过硬作风，

提升能力素质，坚定其投身实体经济、推动高质量发展的决心。针对农民工、新就业形态劳动者群体的工作实际和思想特点，创新开展思想政治工作，切实把他们组织好、团结好。鼓励支持新入职的产业工人积极参加爱企爱岗和专业技能培训，虚心向老职工学习，干一行爱一行，不断夯实爱岗敬业的职业精神。

三是坚持解决思想问题与解决实际问题相结合。全面了解产业工人思想状况、心理特点，不断创新思想政治工作形式方法，强化人文关怀和心理疏导，在推动解决产业工人职业发展、薪酬待遇、社会保障等急难愁盼问题中，引导产业工人树立积极心态、坚定发展信心。把思想政治工作同服务产业工人、维护产业工人合法权益紧密结合起来，面对面、心贴心、实打实做好产业工人思想政治工作，做到润物无声、如盐在水。

专栏一

中国工人大思政课：2024 年 10 月 14 日，全国总工会启动创新打造“中国工人大思政课”工作，并印发《关于创新打造“中国工人大思政课”的工作方案》，要求各级工会坚持把学习贯彻习近平新时代中国特色社会主义思想贯穿始终，深入实施职工群众思想政治引领建设工程，把思政引领融入工会工作全过程、各方面。

三、做好网上思想政治引领

党的二十大报告指出，要加强全媒体传播体系建设，塑造主流舆论新格局；要健全网络综合治理体系，推动形成良好网络生态。随着互联网和信息技术的迅猛发展，网络已经成为产业工人生产生活的新空间，成为产业工人思想文化信息的集散地和意识形态领域斗争的主战场，成为有效开展产业工人思想政治教育的前沿阵地。只有顺应网络化趋势，切实走好网上群众路线，才能为产业工人思想道德素质和文明修养涵育共建网络清朗空间，为产业工人队伍思想政治引领营造良好氛围。

一是做好阐释解读。推进《习近平关于工人阶级和工会工作论述摘编》《深入学习贯彻习近平总书记关于工人阶级和工会工作的重要论述》《党的二十大精神职工学习问答》等理论资源数字化、网络化、智能化传播和应用，推动理论大众化传播。紧紧抓住“五一”国际劳动节等重要时间节点，以及全国劳模表彰大会、大国工匠创新交流大会等重大会议活动，发挥中央主流媒体和相关媒体作用，通过开设专题专栏、推出系列言论评论等方式，用心用情讲好领袖领航故事，把习近平总书记对工人阶级的关心关爱、对产业工人的关注关怀传递到亿万职工群众中。

二是丰富活动内容。深化“网聚职工正能量 争做中国好网民”主题活动，构建网上网下同心圆。以“中国梦·劳动美——凝心铸魂跟党走 团结奋斗新征程”主题宣传教育活动为抓手，广泛开展有特色、接地气、入人心的网上理论宣传宣讲活动，构建随时学、随地学、自主学、互动学的云端学习生态。组织开展全国职工宣讲比赛、知识竞赛，实现全国职工“云宣讲”和“万名劳模工匠宣讲党的创新理论”活动线上线下同步发力、一体推进，团结引导广大产业工人自觉传承红色基因，赓续红色血脉。

三是提升传播实效。运用“三微一端”新媒体和“职工之家”APP等，采取灵活多样的手段方式，切实增强思想引领的针对性、感染力。在多终端广泛传播习近平总书记启迪心智的金句、直抵人心的暖语，引导亿万产业工人不断增进对党的创新理论的政治认同、思想认同、理论认同、情感认同。注重网络互动，组织开展微宣讲、金句点赞等产业工人喜闻乐见的网络互动活动，引导产业工人主动分享心得体会，在学思践悟中坚定理想信念、矢志建功立业。

专栏二

“大国工匠”高技能人才国情研修班：2017 年 3 月，中共中央办公厅印发《关于进一步加强党委联系服务专家工作的意见》。2017 年 6 月 20 日至 24 日，中央组织部在中国浦东干部学院举办“大国工匠”高技能人才国情研修班，这是首次面向高技能人才举办的国情研修班，旨在进一步弘扬劳动光荣、技能宝贵、创造伟大的时代风尚，使关心重视技术技能人才成长的社会氛围更浓厚。

第二节 加强产业工人队伍党建工作

《意见》提出：“加强企业党组织建设。加强新经济组织、新就业群体党建工作，及时有效扩大党的组织覆盖和工作覆盖。持续解决国有企业党员空白班组问题。加强在产业工人中发展党员，注重把生产经营骨干培养成党员。”

党的建设是抓好各项工作的根本。回顾产业工人队伍建设改革实施以来取得的成效，产业工人队伍党建工作发挥了重要作用。实践证明，党建工作抓实了就是生产力，抓细了就是凝聚力，抓强了就是战斗力。当前，产业工人队伍建设改革进入攻坚期和深水区，越是关键时期、紧要关头，越要加强产业工人队伍党建工作。新征程上，我们必须一以贯之推进新时代党的建设新的伟大工程，深入贯彻新时代党的建设总要求和新时代党的组织路线，把产业工人队伍党建工作抓实、抓出新成效。

一、加强企业党组织建设

习近平总书记指出，坚持党的领导、加强党的建设，是我国国有企业的光荣传统，是国有企业的“根”和“魂”，是我国国有企业的独特优势。非公有制企业的数量和作用决定了非公有制企业党建工作在整个党建工作中越来越重要，必须以更大的工作力度扎扎实实抓好。进入新时代新阶段，加强企业党组织建设是坚持党的领导、加强党管企业的必然要求，是推动企业深化产业工人队伍建设改革、实现企业高质量发展的关键所在。

一是不断完善企业党组织体系。针对企业点多、线长、面广的现状，指导企业把支部建到项目上、建到班组上。根据不同类型混合所有制企业特点，明确党组织设置方式、职责定位和管理模式。把企业党组织内嵌到公司治理结构之中，明确和落实党组织在公司法人治理结构中的法定地位，做到组织落实、干部到位、职责明确、监督严格，力争党的组织、党的工作和党员作用的全覆盖，提高企业党组织的创造力、凝聚力和战斗力，以高质量党建推动企业高质量发展和产业工人队伍建设改革。

二是增强企业党建工作活力。把党支部建成引领和促进企业高质量发展的坚强战斗堡垒，推动党支部、产业工人党员围绕生产经营主责主业和企业中心工作开展富有吸引力感召力的党建活动，严格落实“三会一课”等党的组织生活制度，实现党建工作与企业生产经营深度融合、同频共振。要强化基础保障，选优配强基层党组织书记，加强基层党组织书记培训，提高能力素质和履职本领。

三是加强企业一线产业工人党员队伍建设。完善党员日常教育管理机制，充分发挥车间、班组党组织作用和产业工人党员的先锋模范作用，运用身边事例、现身说法，强化互动交流、答疑释惑，增强党组织的吸引力和感染力。加强产业工人党员理想信念教育，勇于担当作为，争做合格党员，凝聚和激发产业工人党员创新创业内心原动力，不断增强产业工人队伍先进性，建设一支经得起困难和风险考验、在企业改革发展稳定中发挥先锋模范作用的产业工人党员队伍。

二、加强新经济组织、新就业群体党建工作

习近平总书记指出，要突出抓好新经济组织、新社会组织、新就业群体党的建设，不断增强党在新兴领域的号召力凝聚力影响力。《中共中央关于进一步全面深化改革、推进中国式现代化的决定》提出，探索加强新经济组织、新社会组织、新就业群体党的建设有效途径。抓好新形势下产业工人队伍思想政治引领，必须把加强新经济组织、新就业群体党建工作作为重要内容。

一是大力加强平台企业和科技创新型企业党建工作。主动顺应新一轮科技革命和产业变革大趋势，聚焦有形有效覆盖，织密建强互联网平台企业、快递企业以及合作企业、加盟企业党组织体系，有针对性地做好货车司机、网约车司机、快递员、网约配送员等新就业群体党建工作，及时有效扩大党的组织覆盖和工作覆盖。

二是探索不同类型新经济组织党建工作方式方法。围绕服务企业发展抓党建，把生产经营中的难点、产业工人关注的热点和企业发展的焦点问题作为党组织的工作重点，找准党建工作服务企业发

展、推动产业工人队伍建设改革的结合点、切入点、着力点，做到“两手抓、两不误”，从根本上解决“两张皮”的问题。

三是加强和改进新经济组织、新就业群体党员教育管理。探索新经济组织、新就业群体党员分类管理的有效办法，优化和拓展党员发挥作用的方式途径，分类探索把新就业群体党员组织起来，线上线下增强党员教育管理实效，积极搭建载体平台，引导党员参与行业治理和基层治理。探索完善全国党员管理信息系统功能流程，实现党员身份线上查询、组织关系线上转接、党员表现线上共享，建立以党组织和党员为主渠道的诉求表达机制，不断增强党组织政治功能和组织功能，提升新就业群体对党组织的认同感。

三、加强在产业工人中发展党员

产业工人是工人阶级的主体力量。新形势下加强产业工人队伍党建工作，必须重视在产业工人中发展党员，注重把生产经营骨干培养成党员，不断壮大产业工人党员队伍。

一是要加强动员引导。各级党组织要发挥党员先锋示范作用，通过党课、培训等形式扎实开展教育引导，工会、共青团等群团组织要发挥好桥梁纽带作用，带动更多产业工人向党组织靠拢。要落实支部联系点、谈心谈话等制度，推动企业党组织班子成员下沉产线车间加强宣传引导，不断增强产业工人对党的认识。

二是要严格审核把关。坚持早发现、早关注、早培养，建立产业工人发展党员信息库，梳理重点企业储备清单、先进典型储备清单和技能人才储备清单。要坚持在党员队伍“入口”树牢政治“标尺”，探索推行政审联审制度，切实把政治素质好、贡献突出的技术能手、业务骨干吸收到党组织中来。

三是要持续解决国有企业党员空白班组问题。优先发展政治素质高、业务能力强的骨干入党。在招聘新员工时优先考虑党员，或通过内部调动，将党员调配到空白班组，逐步填补空白。将党员空白班组问题纳入党建考核，督促各级党组织落实。

专栏三

青年马克思主义者培养工程： 2007 年，共青团中央在相关部委的支持下，启动实施了“青年马克思主义者培养工程”，旨在为党培养信仰坚定、能力突出、素质优良、作风过硬的青年政治骨干。“青马工程”每一期集中培养周期原则上为 1 年。全国班每期规模约 200 人，其他层级班遵循“少而精”的原则合理安排规模。

第三节 大力弘扬劳模精神、劳动精神、工匠精神

《意见》提出：“做实‘中国梦·劳动美’主题宣传教育。在劳动模范、五一劳动奖章、青年五四奖章、三八红旗手等评选工作中，加大对产业工人的宣传力度。深入开展‘劳模工匠进校园’行动，把劳模精神、劳动精神、工匠精神纳入大思政课工作体系，支持在大中小学设立劳模工匠兼职辅导员，在职业学校（含技工院校，下同）开设‘劳模工匠大讲堂’，在高等学校设立劳模工匠兼职导师。组织开展劳模工匠进企业、进社区、进机关宣传活动。”

2020 年 11 月 24 日，在全国劳动模范和先进工作者表彰大会上，习近平总书记指出，“在长期实践中，我们培育形成了爱岗敬业、争创一流、艰苦奋斗、勇于创新、淡泊名利、甘于奉献的劳模精神，

崇尚劳动、热爱劳动、辛勤劳动、诚实劳动的劳动精神，执着专注、精益求精、一丝不苟、追求卓越的工匠精神”。劳模精神、劳动精神、工匠精神是以爱国主义为核心的民族精神和以改革创新为核心的时代精神的生动体现，是激励各族人民风雨无阻、勇往直前的强大精神动力。

一是加大宣传力度。大力宣传以习近平同志为核心的党中央对劳模和劳模工作的重视和关怀，深入宣传习近平总书记对劳模精神、劳动精神、工匠精神的全面系统深刻阐述。做好做实“中国梦·劳动美”主题宣传教育，组织开展劳模工匠进企业、进社区、进机关，把劳模精神、劳动精神、工匠精神纳入“大思政课”体系，把“三个精神”讲好讲深讲活，营造“劳动光荣、技能宝贵、创造伟大”的社会氛围。

二是用好宣传资源。宣传主管部门和主流媒体要切实履行职责，充分运用各类资源，加强与社交媒体和商业平台合作，大力弘扬劳模精神、劳动精神、工匠精神，讲好劳模故事、劳动故事、工匠故事，以多种形式集中推出礼赞劳动、讴歌劳动者的评论文章、人物报道。要处理好集中报道和常态化宣传的关系，着力打造新亮点、创立新品牌、开辟新途径，确保宣传细水长流不断线。

三是树立品牌意识。优中选优选树宣传劳模工匠，持续叫响做实“最美职工”“大国工匠年度人物”“中国梦·大国工匠篇”等典型人物宣传品牌，生动展现新时代产业工人的价值追求和奋斗风采。要善于搭建平台，邀请优秀产业工人出席新闻发布会、记者见面会，以亲身经历、朴实语言讲述个人成长成才故事。要更多策划开展媒体走基层活动，引导媒体将宣传视角多聚焦生产一线，挖掘企业、工厂、车间和产业工人身边的好故事，让好故事激荡正能量、以正能量澎湃大流量，激发全社会对劳动创造幸福的认同和追求。

专栏四

“人民工匠”许振超：根据十四届全国人大常委会第十一次会议表决通过的全国人大常委会关于在中华人民共和国成立七十五周年之际授予国家勋章和国家荣誉称号的决定，授予许振超“人民工匠”国家荣誉称号。许振超，山东港口青岛港青岛前湾集装箱码头有限责任公司工程技术部固机高级经理，从普通码头工人到“金牌工人”再到成为“人民工匠”，展现了新时代产业工人的爱国心、创造力，生动诠释了劳模精神、劳动精神、工匠精神的实践内涵。

典型案例一

打造《中国工人思政课》电视公开课 引导产业工人奋进新征程

湖南省创新打造的《中国工人思政课》电视公开课，以“车间即课堂、工地变讲台”的实践范式，开创了新时代产业工人思想政治教育的创新样本。该节目通过两季实践探索，形成具有示范价值的“三融三化”思政教育新模式（即理论教育与实践场景相融合、主体协同与资源整合相融合、全媒传播与精准触达相融合，实现教学场景化、内容具象化、传播数智化），成为新时代产业工人思想政治教育的标杆案例，社会效应与创新经验被主流媒体广泛报道，并形成全国性示范效应。

一、强化理论铸魂，四史教育融汇精神传承

节目将中国共产党党史、新中国史、改革开放史、社会主义发展史贯穿始终，通过“场景化教学＋案例式解析”实现理论具象化。第二季在长沙机场T3航站楼工地等四大产业现场构建“行走的思政课堂”，邀请湖南师大、湘潭大学等高校马克思主义学院专家，将“中国式现代化”“新质生产力”等重大战略与具体工程实践相融合。如中车株机专场中，转向架设计师曾艳梅讲述团队突破30米极限小曲线半径转向架研发的历程，生动诠释“坚韧不拔”的工匠精神；中储粮专场通过“藏粮于技”的科技创新案例，具象化展现粮食安全这一“国之大者”。节目创新构建“三位一体”精神传承体系，以劳模精神铸就价值坐标（90后全国劳模邹彬等现身说法）、以劳动精神激活实践动能（盾构机3000吨推力技术攻关案例）、以工匠精神塑造职业信仰（电涡流阻尼器研发者周帅“一辈子办成一件事”的坚守）。这种将宏观叙事转化为微观实践的教学设计，使80%的现场工友反馈“理论认知具象可感”。

二、强化主体协同，四维互动构建教育闭环

节目独创“四个主体”协同机制。思政名师担任理论导师（如湖南工商大学马院院长聂智）、大国工匠担当精神旗手（如铁建重工张帅坤）、技术骨干化身课代表（每期3位行业先锋）、工友观众形成学习社群。在福田汽车专场，自动化工程师宋瑜展示设备负荷自平衡系统“智慧大脑”，软件开发工程师王向锋演绎金融设备16次迭代创新，焊接专家禹红云揭秘液压钢管接头工艺突破，形成“技术展示—理论升华—群体共鸣”的教育闭环。节目采用“双轮驱动”教学法。理论阐释与故事讲述交织（如邓验副教授解析轨道交通发

展中的工人力量）、问题导向与场景互动共振（设置“岗位困惑大家谈”环节）。第二季增设“学习委员”制度，邀请劳模郝鹏等与工友实时对话，使课程内容转化率达92%。这种“身边人讲身边事”的模式，成功破解传统思政教育“入耳难入心”的困境。

三、强化传播革新，全媒矩阵延伸教育时空

构建“1+N”融媒体传播体系。以电视节目为核心（单期90分钟），衍生出短视频课（3—5分钟）、VR云课堂（全国工会VR展馆）、移动端知识包（“职工之家”APP专题频道）等形态。第二季创新推出“思政微剧场”，将盾构机攻坚、阻尼器研发等案例改编成情景剧，单集网络播放量突破500万次。实施“双线四化”传播策略。线上打造“中国工人大思政课”云平台，集成1000余节音视频课程，设置积分体系和主题活动；线下建设100个红色工运教育实践基地，形成“车间—展馆—社区”教育网络。通过“长视频深度阐释+短视频精准传播”，节目衍生出《工匠说》《岗位思政课》等系列产品，其中“一辈子办成一件事”专题短视频在产业工人群体中转发量超200万人次。节目相关话题登上微博热搜榜27次，形成“千万级”传播声量。

典型案例二

“四个云端发力” 创新赋能产业工人思想政治引领

近年来，四川成都市依托推进工会数智化建设、建设劳模工匠两支“领军方队”和构建融媒体传播矩阵的工作成果，积极探索推进产业工人网上思想政治引领实践创新，深化运用“四个云端发力”举措有效赋能思想政治引领，不断筑牢广大产业工人团结奋斗的共同思想基础。

一、“云上融合”构建融媒体传播体系

坚持构建以“三微一端”为主阵地的融媒体传播体系，开设微信订阅号、微信视频号、抖音视频号、微博等传播平台，“职工普惠”APP、成都工会数智化平台用户总规模突破600万人。践行“导向为魂、内容为王、策划为本、创新为要”理念，组建“贝森路2号”工作室，发布原创图文、视频超2600条，实现阅读（播放）量超过1200万人次。

二、“云上思政”提升思想政治教育触达率

健全各级各类媒体深度协作长效机制，推动“新思想引领新征程”专题专栏、“理响成都”宣讲、“一月一主题”网上宣传等品牌项目覆盖产业工人。锚定以思想政治教育促使产业工人增进“四个认同”目标，打造形成专家讲座、知识竞赛、劳模工匠巡回宣讲、主题征文、演讲比赛、文艺会演等“10+X”线下活动类别，线上运用融媒体矩阵发布图文、短视频等活动素材形成传播“长尾效应”，其中2024年“中国梦·劳动美——幸福是奋斗出来的”劳模工匠巡回宣讲活动650余场。

三、“云上引领”增强劳模工匠精神传播力

创设“天府工匠”大型技能挑战融媒体节目，集成生产场景、先进设备、典型人物、精湛技艺、互动挑战、交流竞技等要素进行内容生产，生动呈现优秀产业工人由“工”到“匠”的成才之路，累计完成3季、30期节目摄制，获评“全国广播电视媒体融合典型案例”。设置产业技术工人队伍建设要求阐释、产业政策宣传、职业（工种）发展前景分析、工会工作宣传解读等内容和“如何扎根岗位成才建功”等议题，创办“工到自然成”融媒体节目，累计播出23期节目并实现曝光量超1600万人次。

四、“云上阅享”激发产业工人向上向善力量

联合喜马拉雅、市技能人才发展促进会、市文艺两新联合会、市阅读协会等组织举办“‘读’具匠心‘阅’动全城”主题活动，运用组建“领阅人”队伍、开设线上职工书屋、“文化大咖＋成工‘阅’队”进工会阵地等手段吸引产业工人参与，连续两年征集近9000件阅读分享佳作，活动页面累计点赞量突破1156万次，形成了以组织发动产业工人爱读书、读好书、善读书为路径激发成才建功动力的科学范式。

第二章　保障产业工人主人翁地位

我国是工人阶级领导的、以工农联盟为基础的人民民主专政的社会主义国家。中国共产党是工人阶级的先锋队，坚持全心全意依靠工人阶级的根本方针，始终重视保障工人阶级主人翁地位。《意见》从发展全过程人民民主的高度，把保障产业工人主人翁地位摆在更加突出的位置，从落实产业工人参与国家治理的制度、完善企业民主管理制度、健全劳动关系协商协调机制等方面对保障产业工人主人翁地位作出全面部署，充分贯彻了全心全意依靠工人阶级的根本方针。

第一节　健全产业工人参与国家治理的制度机制

《意见》提出："落实保障产业工人主人翁地位的制度安排。组织开展党的代表大会代表和委员会委员、人大代表、政协委员、群团组织代表大会代表和委员会委员中的产业工人教育培训。引导产业工人依法行使民主权利，有序参与国家治理、社会治理、基层治理。"

近年来，各级党委、政府围绕保障产业工人主人翁地位做了大量工作，在推选党代表、人大代表和政协委员人选时注重推荐产业工人，开展企业内部劳模、工匠等评选表彰活动，进一步提高产业工人评模评先比例，在推荐评选全国五一劳动奖工作中重点向产业工人倾斜，2018 年以来，每年全国五一劳动奖章表彰中产业工人比例均超过 40%，产业工人主人翁地位更加彰显。

一、落实保障产业工人主人翁地位的制度安排

坚持全心全意依靠工人阶级是我们党的根本方针，保障产业工人主人翁地位是党的宗旨和初心使命的重要体现。党的十八大以来，党的全国代表大会中生产和工作第一线的党代表比例显著提高，党的二十大代表中来自生产和工作第一线党员代表占比 33.6%。在 2977 名十四届全国人大代表中，一线工人农民代表 497 名（其中农民工代表 56 名），占代表总数的 16.69%，比上一届提高了 0.99 个百分点；在 262 万多名县乡两级人大代表中，一线工人、农民、专业技术人员等基层代表在县级人大代表中的占比为 52.53%，在乡级人大代表中的占比为 76.75%。全国政协十四届一次会议以来，全国政协委员提出涉及产业工人方面的提案 70 余件，民主党派、人民团体等提出相关提案 8 件。在中国工会十八大代表中，工人代表占 26.7%。全国总工会十八届委员和执委会主席团成员中劳模和一线职工比例分别为 24.1% 和 19.2%，均高于上一届。深化产业工人队伍建设改革，要积极落实保障产业工人主人翁地位的制度安排，进一步提高优秀产业工人在党代表、人大代表、政协委员及群团组织代表大会代表中的比例，加强履职教育培训，引导产业工人依法行使民主权利，有序参与国家治理、社会治理、基层治理。

二、引导产业工人依法行使民主权利

党的二十届三中全会通过的《中共中央关于进一步全面深化改

革 推进中国式现代化的决定》明确，发展全过程人民民主是中国式现代化的本质要求；必须坚定不移走中国特色社会主义政治发展道路，坚持和完善我国根本政治制度、基本政治制度、重要政治制度，丰富各层级民主形式，把人民当家作主具体、现实体现到国家政治生活和社会生活各方面。十四届全国人大三次会议表决通过了关于修改全国人民代表大会和地方各级人民代表大会代表法的决定，总结了近年来各级人大代表工作的实践经验和创新成果，对代表议案建议的提出、交办、办理、督促等工作制度都作了优化完善，切实保障代表依法提出议案和建议，提高议案和建议办理工作质量，更好发挥代表作用。

全过程人民民主是社会主义民主政治的本质属性，是最广泛、最真实、最管用的民主。引导产业工人依法行使民主权利，健全产业工人参与管理国家事务、管理经济和文化事业、管理社会事务的制度机制，是发展全过程人民民主、落实保障产业工人主人翁地位的重要制度安排。

各级党代会、人大、政协和各群团组织要切实加强产业工人代表履职能力建设，引导产业工人代表依法行使民主权利。对产业工人代表提出的提案、建议，积极做好交办、督办和反馈工作，加强与承办单位的沟通联络，及时了解和掌握工作进展情况，督促办理工作落实，支持和保障产业工人代表更好依法履职。要完善产业工人代表、委员系统学习培训制度，实现每届新任产业工人代表、委员履职基础学习和培训全覆盖。要加强产业工人代表履职服务保障，认真组织产业工人参与相关考察、执法检查、调研等活动，积极协调解决代表履职过程中遇到的困难和问题，及时向产业工人代表通报工作情况。在代表履职宣传中，利用多种平台和方式，报道产业工人代表履职事迹，讲好产业工人代表履职故事。

第二节 完善企业民主管理制度

《意见》提出："健全以职工代表大会为基本形式的企事业单位民主管理制度，涉及产业工人切身利益的重大事项必须依法依章程经职工代表大会审议通过。坚持和完善职工董事、职工监事制度，深化厂务公开，积极利用数字技术为产业工人民主参与提供更为精准便捷的服务。"

党的二十届三中全会强调，要健全以职工代表大会为基本形式的企事业单位民主管理制度。各级党委和政府要从全面建设社会主义现代化强国的全局和战略高度，深刻认识加强企业民主管理的重大意义，切实增强紧迫感、责任感和使命感，把加强企业民主管理作为一项紧迫任务，摆在更加突出的位置，采取有力措施抓实抓好。

一、健全以职工代表大会为基本形式的企事业单位民主管理制度

职工代表大会是职工行使民主管理权力的机构，是企事业单位民主管理的基本形式。为有效维护职工合法权益，构建和谐劳动关系，促进企业持续健康发展，加强基层民主政治建设，必须健全职工代表大会制度。

一是推动企业普遍建立职工代表大会制度。要推动企业经营管理层与工会根据法律法规政策，制定职工代表大会实施细则，明确职工代表大会职权，构建职工代表大会组织制度和工作制度，规范

职工代表大会操作流程。要积极推进职工代表大会决议落实以及职工代表大会质量评估制度，坚决落实职工代表大会职权，不断完善职工代表选举、提案、述职评议、巡视检查、培训等机制，促进企事业单位民主管理工作高质量发展。

二是分类推进企业职工代表大会制度建设。国有企业要全面建立职工代表大会制度，加强规范化建设，将职工代表大会写入公司章程、融入企业法人治理结构，纳入国企党建巡视工作内容，在职工代表大会制度建设方面起到模范引领作用。非公有制企业要持续推进职工代表大会制度建设，重点加强规模以上非公有制企业的建制工作，不断扩大制度的覆盖面。同时，通过推进集团职工代表大会制度建设，区域性、行业性职工代表大会制度建设，在新业态领域探索实施联合的、扩大的职工代表大会形式，加强对大型企业集团、中小微企业、新业态企业特别是平台企业的有效制度覆盖，更好维护产业工人合法权益。

三是加强职工代表大会制度与其他民主管理制度的协同建设。充分发挥职工代表大会在企业民主管理中的基础性作用，持续加强职工代表大会与厂务公开制度、职工董事职工监事制度等其他民主管理制度的联建，实现协同发展。要坚决落实职工代表大会的审议建议权和审议通过权，确保职工的知情权，充分发挥职工代表大会作为厂务公开主要载体的作用；要坚决落实职工董事、职工监事由职工大会或职工代表大会选举产生并在职工大会或职工代表大会上进行民主评议，集体合同草案在职工大会或职工代表大会上表决通过等规定。

四是充分发挥职工代表参与民主管理的积极作用。规范职工代表选举，坚持职工代表向基层和一线倾斜。职工代表要加强与一线职工的密切联系，及时反映职工群众的意见诉求，认真参与各项企业民主管理工作，积极宣传贯彻职工代表大会各项决议、决定。通过推进全国和地方的职工代表培训师资库建设，努力建设一支高水平职工代表培训师资队伍，着力加强职工代表培训，提升职工代表素质，增强职工代表履职能力，为推进新时代职工代表大会制度建设打下坚实基础。

二、深化厂务公开制度

企业要深化厂务公开制度，通过职工代表大会和其他适当形式，将企业生产经营管理的重大事项、涉及产业工人切身利益的重要事项和经营管理人员廉洁从业相关情况，按照一定程序向产业工人公开，听取产业工人意见，接受产业工人监督。

一是建立健全厂务公开制度。在开展厂务公开工作的过程中，企业党组织是直接领导者，企业经营管理方是主要责任者，企业工会是具体工作者，广大职工是参与者、监督者和评价者。企业要结合自身发展实际，不断延伸厂务公开的深度和广度。要遵循合法、及时、真实、有利于职工权益维护和企业发展的原则，同时应当保守企业商业秘密以及与知识产权相关的保密事项。

二是明确厂务公开内容。厂务公开的内容主要涉及企业经营管理的重大事项、劳动关系的具体情况和经营管理人员廉洁从业的相关情况，重点是涉及职工切身利益的规章制度。国有、集体企业以及其控股企业还应当公开投资和生产经营重大决策方案等重大事项；企业改革改制方案，兼并破产方案，重大技术改造方案，职工裁员分流安置方案等重大事项；企业职工教育培训情况；企业安全生产和职工职业健康情况；企业中长期发展规划，重要规章制度制定；

民主评议企业领导人员情况，企业中层领导人员、重要岗位人员的选聘和任用情况等内容。

三是丰富厂务公开形式。厂务公开的主要载体是职工代表大会，要通过实行厂务公开，进一步完善职工代表大会制度，提高职工代表大会的质量和实效。公司制企业的职工董事、职工监事参加董事会、监事会，上市公司信息披露制度等，是厂务公开的特有形式。厂务公开的日常形式包括党政工联席会、企业负责人接待日、厂务公开栏、企业内部办公系统、各类媒体、微信公众号、即时通讯群组、职工意见箱等。企业要根据实际情况不断创新厂务公开形式，在公开后应注意通过职工座谈会、协商沟通会、热线电话等渠道，了解职工的反映，不断改进工作。

三、坚持和完善职工董事、职工监事制度

公司制企业要坚持和完善职工董事、职工监事制度，支持职工代表大会选举产生的职工代表作为董事会、监事会成员参与公司决策、管理和监督，代表和维护职工合法权益，促进企业健康发展。

一是依法规范职工董事、职工监事的设置。推动落实职工人数300人以上的公司制企业按照公司法规定设立职工董事、职工监事，推动国有独资企业依法普遍设立职工董事，明确职工代表可以成为董事会中审计委员会的成员。明确职工董事、职工监事的选任资格和具体比例，确保职工董事、职工监事具有代表性及履职能力。坚持依法依规由职工代表大会以无记名投票方式差额或等额选举职工董事、职工监事，并规范职工董事、职工监事罢免及补选程序。

二是依法规范职工董事、职工监事履职规则。鼓励各企业根据实际情况出台职工董事、职工监事管理办法等制度文件，明确职工

董事、职工监事依法享有与公司其他董事、监事同等权利，承担相应义务，同时强调职工董事、职工监事应代表职工利益、反映职工合理诉求、维护职工和公司合法权益的特别职责，完善职工董事、职工监事履职述职制度、考核评价制度、激励机制与责任承担机制，推动职工董事、职工监事依法规范履职。

三是健全完善职工董事、职工监事履职保障机制。厘清职工董事、职工监事与公司党组织、董事会、监事会、职工代表大会及工会等的关系，争取各方支持，形成良好工作格局。强化履职权益保障，为职工董事、职工监事依法履行职责提供必要的工作条件，包括履职所必需的工作时间、信息资料、相关费用等，并保证其在履职期间享受正常的工资和福利待遇。持续完善相关配套制度，建立职工董事、职工监事培训制度和调研制度，不断提高其业务素质和履职能力。

四、积极利用数字技术为产业工人民主参与提供更为精准便捷的服务

数字技术在提高产业工人民主参与意愿、增强民主参与能力、畅通表达渠道等方面具有独特优势。要完善数字化平台，畅通产业工人表达意见和参与管理的渠道，为产业工人民主参与提供技术支撑和便捷服务。要创新数字化教育培训形式，发挥数字化教育培训资源丰富、使用便利等优势，及时为产业工人提供民主参与所必需的背景信息、基础知识和履职要求，增强产业工人民主参与的能力，切实发挥作用。要利用云储存和云计算技术，将产业工人的诉求与愿望等数据纳入意见收集过程，优化工作流程、提升服务质效。

第三节　健全劳动关系协商协调机制

《意见》提出："全面落实劳动合同制度，推进集体协商和集体合同制度。建立健全各级协调劳动关系三方委员会，发挥国家协调劳动关系三方机制、地方政府和同级工会联席会议制度作用，把推进产业工人队伍建设改革列入重要议程。完善基层劳动关系治理机制，提升劳动关系公共服务水平，开展全国基层劳动关系公共服务站点标准化工作。推进区域和谐劳动关系高质量发展改革创新试点。积极推进行业、企业和工业园区构建和谐劳动关系。"

劳动关系是否和谐，事关广大职工和企业的切身利益，事关经济发展和社会和谐稳定。"中国式现代化，民生为大"，劳动关系领域部署的改革任务，是基于构建和谐劳动关系、优化就业环境、提升就业质量的必然要求，基于解决劳动关系领域的突出矛盾。要统筹企业发展和维护劳动者合法权益，正确把握和处理劳动力市场安全性与灵活性，健全劳动法律法规和劳动标准体系，全面提升劳动关系治理效能，构建规范有序、公正合理、互利共赢、和谐稳定的中国特色和谐劳动关系，推动劳动者实现体面劳动、全面发展。

一、全面落实劳动合同制度

随着《劳动合同法》《劳动合同法实施条例》《劳务派遣暂行规定》《集体合同规定》等法律法规规章深入实施，劳动合同制度全面推行落实，集体合同制度积极推进，在维护包括产业工人在内的劳动者合法权益方面发挥了重要作用。但实践中，不依法与劳动者签订劳动合同、违法经营劳务派遣、规避用工责任等侵害劳动者权益的问题仍时有发生。当前，企业生产组织方式发生深刻变化，灵活就业和新就业形态快速发展，给维护劳动者权益带来了新的挑战。因此，要贯彻落实党的二十大、二十届三中全会精神，深入贯彻实施劳动法律法规，加大对企业劳动用工的指导，全面推行劳动合同制度，进一步规范劳务派遣，积极推进实施集体协商和集体合同制度，畅通劳动者合理诉求表达渠道，妥善处理相关劳动纠纷。

二、深入推进集体协商和集体合同制度

工会代表职工与企业就涉及职工重大利益的事项开展集体协商、签订集体合同，是市场经济国家协调劳动关系的重要机制，在完善企业薪酬分配制度、维护职工合法权益、构建和谐劳动关系等方面，发挥了重要作用。以技术工人薪酬激励为重点开展集体协商，是提高劳动报酬在初次分配中的比重、促进实现共同富裕的重要途径。2023 年，全国总工会联合国家协调劳动关系三方先后印发《关于开展集体协商 建立健全技术工人薪酬激励机制的指导意见》《关于大力开展区域性行业性集体协商 合理确定技能人才最低工资的通知》。要鼓励企业通过集体协商制定基于岗位价值、能力素质、创新创造、业绩贡献的薪酬制度，在行业协商的标准之上合理确定本企业技能人才工资水平。要鼓励企业与高技能领军人才协商实施年薪制、协议薪酬制、项目薪酬制等灵活的工资分配形式，建立股权激励、超额利润分享、项目分红等激励方式。要根据产业工人参与科技创新、发明创造、技术革新、合理化建议和形成先进操作法并为企业创造价值情况，重点就技术创新攻关、技术成果转化收益奖励办法开展协商，提高产业工人在收益分享中的比例。

专栏五

集体合同：用人单位与本单位职工根据法律、法规、规章的规定，就劳动报酬、工作时间、休息休假、劳动安全卫生、职业培训、保险福利等事项，通过集体协商签订的书面协议。

三、建立健全各级协调劳动关系三方委员会

2001年，人力资源社会保障部、全国总工会、中国企业联合会/中国企业家协会召开国家协调劳动关系三方会议第一次会议，标志着国家一级三方机制建立。随着我国协调劳动关系三方机制不断发展，国家协调劳动关系三方在劳动关系态势监测、劳动关系政策协调、劳动合同和集体协商制度建设、劳动争议调处等方面发挥了重要作用。截至2023年9月底，全国各级工会参与劳动关系三方协商协调机制13363个，其中省级31个，地市级381个，县级2618个，省级产业197个，地市级产业345个，县级产业1862个，街道、乡镇、工业园区7929个，已基本形成了国家、省、市、县和乡镇五级协调劳动关系三方组织体系。

协调劳动关系三方机制是中国式劳动关系治理体系和治理能力的重要组成部分，是推动构建中国特色和谐劳动关系的重要制度保障。各级协调劳动关系三方成员单位要深入贯彻落实党中央、国务院决策部署，扎实推进劳动关系协商协调机制建设，建立健全各级协调劳动关系三方委员会，在推动完善劳动关系立法和制定实施劳动关系政策措施、研究解决劳动关系重大问题、妥善化解劳动关系矛盾等方面争取更大成效，促进劳动关系的和谐稳定。要认真贯彻

落实党的二十大提出的“完善劳动关系协商协调机制”要求，进一步加强协调劳动关系三方机制建设，健全协调劳动关系三方机制组织领导机构、协商议事规则、职责任务分工、支持保障措施，为构建中国特色和谐劳动关系高质量发展提供制度保障。

四、完善基层劳动关系治理机制

完善基层劳动关系治理机制对于构建和谐劳动关系，提升劳动关系基层治理能力，促进劳动法律法规政策在企业特别是中小微企业落实落地，提升企业用工管理水平和劳动者权益保障水平具有十分重要的意义。要着重在劳动关系源头治理和风险预防端发力，推进劳动关系协调员队伍建设，将工作延伸到企业。探索开展基层劳动关系公共服务体系建设，探索自建或赋能等方式建设劳动关系公共服务平台，打通劳动关系治理“最后一公里”，发挥“一平台、一队伍”作用，为和谐劳动关系高质量发展、优化营商环境等提供有力支撑。要依托党群服务中心、综治中心、职工之家等各类基层平台或场所的协同配合，打造多方参与、资源共享、“一站式”服务的劳动关系基层平台，形成具有中国特色和谐劳动关系的基层治理机制。

第四节 加强产业工人主人翁地位的宣传和引导

《意见》提出：“主流媒体要加大对产业工人主人翁地位的宣传力度，创作出版、制作播出更多反映产业工人风貌的优秀文学艺术、网络视听和影视作品等，营造崇尚劳模、尊重劳动、尊崇工匠的社会氛围。”

一是大力宣传以习近平同志为核心的党中央对包括产业工人在内的工人阶级的高度重视和亲切关怀。加强对产业工人主人翁地位的宣传力度，发挥主流媒体、自媒体等宣传阵地作用，宣传产业工人中涌现出的大国工匠、高技能人才的先进事迹，宣传广大产业工人为发展壮大实体经济、建设制造强国、推动高质量发展作出的突出贡献，宣传优秀产业工人代表担任党代表、人大代表、政协委员及群团组织代表大会代表并发挥重要作用的情况，宣传各级通过落实产业工人参与国家治理制度、完善企业民主管理制度、健全劳动关系协商协调机制等途径为产业工人有序参与国家治理、社会治理、基层治理、企业管理的有力作为，引导全社会正确认识产业工人、高度认可产业工人、充分尊重产业工人、关心爱护产业工人，在全社会营造崇尚劳模、尊重劳动、尊崇工匠的良好氛围，让产业工人充分感受到作为国家主人翁的自豪感荣誉感归属感。

二是推出更多反映产业工人生产生活、精神风貌的精品力作。相关部门要积极与文联、作家协会等沟通合作，加强选题策划，支持和引导文艺工作者聚焦新质生产力、新就业形态等领域，以劳模工匠为重点，深入产业工人、企业一线广泛采风创作，出版图书、报告文学等，让更多人了解产业工人的奋斗历程和崇高精神。要充分发挥文艺院团的作用，采取群众喜闻乐见的艺术表现形式，积极探索运用人工智能、虚拟现实等手段和呈现方式，制作反映产业工人风采的戏剧、影视作品等，展现新时代产业工人的精神面貌和重要贡献。要打造优秀产业工人文艺作品展示传播平台，建设优秀文艺作品库，加强创作交流，激发创作热情。

典型案例三

创新实践企业民主管理制度
保障产业工人主人翁地位

中国中铁深入实践企业民主管理，构建了以党的全面领导为根本前提、职工代表大会制度为基本形式、厂务公开和工会日常监督为常态、职工董事源头参与为关键的企业民主管理格局。

一、深入实践“一个统一、三个融入”工作格局

“一个统一”，即坚持党的全面领导、依靠职工办企业和依法治企的有机统一，党委常委会、党建工作专题会每年定期听取职工代表大会工作情况和决议落实情况，把职代会职权落实情况纳入党委巡视和党建工作责任制考核之中。“三个融入”，即坚持职工代表大会深度融入公司治理体系，将党的领导和以职工代表大会为基本形式的企业民主管理制度写入公司章程，强化职代会作为公司治理主体意识，制定104项具体权责清单，实现职工代表大会与党组织、股东会、董事会、经理层、监事会等治理主体的有效衔接。坚持职工代表大会深度融入企业改革管理，明确职工代表大会职权，把职代会打造成为职工有序参与企业管理和公司治理的重要平台；成立提案工作委员会，在职工代表大会上作提案工作报告，开展优秀提案表彰，对提案办复工作打分评价等，发挥职代会提案助力企业改革的重要作用；通过民主审议参与公司治理，职代会每年坚持审议行政工作报告及重大改革举措、审议通过集体合同；按规定将企业年金方案、薪酬管理办法、企业公积金调整等重要规章制度提交职工代表大会审议或通过；开展民主评议领导班子、领导人员、职工

董事等德能勤绩廉情况，强化民主评议结果在业绩考评和领导干部管理上的运用。坚持职工代表大会深度融入幸福企业建设，坚持企业在重大决策上和制定与产业工人利益相关的规章制度时，充分听取产业工人意见，涉及产业工人切身利益的重大事项必须经过职代会审议；建立平等协商集体合同制度，将集体合同履约情况纳入各级管理者业绩考核之中，与业绩考核及薪酬发放、优秀单位和优秀企业负责人评比、经济责任审计等挂钩；推动建立职工工资拖欠预警机制，解决女职工特殊权益、一线职工休息休假、高原和海外员工权益保障等问题。

二、全面推进全层级全覆盖的厂务公开

公司建立了“党委统一领导、行政主体到位、工会日常负责、纪委监督检查、职工有序参与”的厂务公开领导体制，以及内部四个管理层级的厂务公开协同机制，建立了厂务公开与上市公司信息披露的协同机制，规范了公开流程，明确了责任分工。明确公司三个层级法人应当向职工公开的13个方面事项，工程项目部应当向职工公开的11个方面事项，重点关注领导班子和领导成员应公开的事项、产权交易、资本运营、重大工程建设、大宗物资采购、招标投标等方面的公开透明。

三、全面推动职工董事履职尽责

中国中铁率先在中央企业制定《企业民主管理办法》，公司章程中明确规定职工董事设立条件及职权。职工董事在参会时必须体现职代会意图，特别是在涉及产业工人队伍建设的劳动用工、薪酬制度、劳动保护、休息休假、生活保障和福利等基本管理制度的制定和修订时，职工董事必须提前听取职代会和工会意见。近年来，充分发挥源头参与作用，推动公司出台《进一步做好服务农民工工作

指导意见》等制度，开展产业工人职业生涯全过程十大关爱行动，推进具备条件的单位建立企业年金制度和企业补充医疗保险制度，设立精准帮困专项基金，实施员工关爱工程，广泛开展EAP关爱行动等。

典型案例四

创建共享、共赢、共乐的新时代和谐劳动关系

上海城投（集团）有限公司工会在新时代和谐劳动关系创建的征程上，从共享、共赢、共乐三个维度，着力打造企业与职工的事业共同体、命运共同体、利益共同体。

一、以“全过程人民民主”推动“和谐共享”

制定公司职工代表大会条例实施细则，规范和完善集体协商民主程序，畅通和丰富职工诉求表达、沟通渠道，将职工收入增长、职业技能提升等纳入集体协商范畴和给予倾斜支持，不断提高协商协调含金量，积极推进业务外包单位组建工会，将企业民主管理制度融入公司法人治理结构。

二、以“全方位支持保障”推动“和谐共赢”

探索建立职工思想动态报告反馈机制，并在集团党组织书记例会上报告。打造城投“五比五赛”、城投工匠、城投“十佳金点子”等竞赛品牌，助力公司高技能人才占比处于行业中高位水平。对170余个一线主体工种实行安全健康分级保障，构建常态化、专业化、

全员化职工安全督查网络。

三、以“全要素关心关爱”推动“和谐共乐”

聚焦新时代职工美好生活向往，持续提升工会关爱能级。培育职工满意示范食堂、文艺社团等“十全十美”实事品牌。组建志愿服务队伍，开通“暖心贴心”心理关爱热线。在传统做法的基础上，修订单项帮困制度，增订总体帮扶办法，形成“多方多元”帮扶体系。

第三章　完善产业工人技能形成体系

高质量发展是全面建设社会主义现代化国家的首要任务，推动高质量发展，高素质人才队伍是基础性、战略性支撑。我国是世界上唯一拥有联合国产业分类中所列全部工业门类的国家，但产业链、供应链还存在诸多“断点”“堵点”，关键核心技术受制于人的局面还没有得到根本改变，解决这些问题，不仅需要大量的科学家、高科技人才，也需要一大批高技能产业工人，完善产业工人技能形成体系，正是其中的重中之重。《意见》适应新型工业化发展需求，提出了完善产业工人技能形成体系的创新性举措，立足产业工人队伍实际，着力推动解决制约我国高质量发展的高技能人才短缺问题，体现了鲜明的问题导向。

第一节　推动现代职业教育高质量发展

《意见》提出：“加快构建职普融通、产教融合的职业教育体系。坚持以教促产、以产助教、产教融合、产学合作，培育一批行业领先的产教融合型企业，打造一批核心课程、优质教材、教师团队、实践项目。实施现代职业教育质量提升计划、职业学校教师素质提高计划，支持大国工匠、高技能人才兼任职业学校实习实训教师。提升办学条件和教学能力，创建一批具有较高国际化水平的职业学校。”

教育、科技、人才是中国式现代化的基础性、战略性支撑。截至 2024 年，“全球灯塔网络”覆盖 30 个国家和 35 个行业，包括 189 个“灯塔工厂”，其中我国有 79 个。如何加快数智化背景下的产业工人队伍建设，如何面向产业转型升级培养新兴职业技能人才，成为现代职业教育的重要课题。要推动现代职业教育高质量发展，加快构建以企业为主体、职业学校为基础，政府推动、社会支持、工会参与的技能人才培养体系，培养造就一支以大国工匠和高技能人才为代表的知识型、技能型、创新型高素质产业工人队伍。

一、加快构建职普融通、产教融合的职业教育体系

2024 年 9 月，习近平总书记在全国教育大会上指出，要“构建职普融通、产教融合的职业教育体系，大力培养大国工匠、能工巧匠、高技能人才”。2025 年 1 月，中共中央、国务院印发的《教育强国建设规划纲要（2024—2035 年）》指出，“加快建设现代职业教育体系，培养大国工匠、能工巧匠、高技能人才”。2025 年《政府工作报告》提出，推进职普融通、产教融合，增强职业教育适应性。职业教育是产业工人技能形成体系的基础，事关未来产业工人的培养，肩负着培育一支知识型、技能型、创新型高素质产业工人队伍的重要职责。

一是推进部署“一体两翼”现代职业教育体系工作格局。在省级层面，建立部省协同推进的工作机制，开展省域现代职业教育体系建设改革试点工作，落实省级政府领导和发展职业教育的主体责任。在市级层面，推动职业教育资源下沉一级，在产业和资源相对集聚的市域甚至经济发达的县级市，建设市域产教联合体，提升职

业教育与区域发展的紧密度。在行业层面，推动职业教育围绕重点产业，建设行业产教融合共同体，提升与行业发展的适配度。

二是推动职普协调发展、相互融通。加强与基础教育融通，支持在普通中小学开展职业启蒙教育、劳动教育。支持各地开展高中阶段教育学校布局结构调整，优化中职学校布局，建设“少而精”的中职学校。试点综合高中、开设职普融通班，通过学籍互转、课程互选、学分互认、资源互通、课程共建等方式，推动高中阶段学校多样化发展。稳步推进职教高考“文化素质 + 职业技能”考试招生改革，扩大本科学校特别是职业本科学校在职教高考中的招生规模。完善中高职贯通培养模式，一体化设计专业目录、教学标准和人才培养方案。

三是推进职业教育关键要素改革。聚焦专业、课程、教材、教师、实习实训等关键要素，采取头部企业、牵头学校、职教专家“三组长制”，根据技术迭代趋势、产业升级变化，动态调整专业设置，科学设计课程内容，优化升级教材形式，细分教师岗位能力，完善实习实训标准。不断提升职业院校教师队伍整体素质和建设水平，深化“教师、教材、教法”改革，大力加强校企双向交流，建立教师到企业实践和企业人才到学校工作的常态化机制，造就一支师德高尚、技艺精湛、专兼结合、充满活力的高素质教师队伍。以专业建设为基点、课程建设为突破口、教材建设为集中体现形式，实现高技能人才培养目标。

专栏六

一体两翼：“一体”即探索省域现代职业教育体系建设新模式：围绕国家区域发展规划和重大战略，选择有迫切需要、条件基础和改革探索意愿的省（区、市），在产教融合、职普融通等方面改革突破，制定支持职业教育的具体举措，形成有利于职业教育发展的制度环境和生态，形成一批可复制、可推广的新经验新范式。

“两翼”即市域产教联合体和跨区域行业产教融合共同体：一方面，省级政府以产业园区为基础，打造兼具人才培养、创新创业、促进产业经济高质量发展功能的市域产教联合体；另一方面，优先选择重点行业和重点领域，支持龙头企业和高水平高校、职业学校牵头，组建学校、科研机构、上下游企业等共同参与的跨区域产教融合共同体，汇聚产教资源，开展委托培养、订单培养和学徒制培养，面向行业企业员工开展岗前培训、岗位培训和继续教育，建设技术创新中心，为行业提供稳定的人力资源和技术支撑。

二、实施现代职业教育质量提升计划

为贯彻落实《国务院关于加快发展现代职业教育的决定》精神，2015 年，财政部会同教育部整合设立现代职业教育质量提升计划资金，助力职业教育改革，加快构建现代职业教育体系。2021 年 8 月，人力资源社会保障部、国家发展改革委、财政部联合印发《关于深化技工院校改革 大力发展技工教育的意见》，明确中央财政现代职业教育质量提升计划资金可按规定用于支持技工院校。

一是支持各地落实高等职业学校（含职业本科学校，下同）生均拨款制度，并鼓励各地探索建立基于专业大类的差异化生均拨款制度，逐步提高生均拨款水平，改善办学条件；支持推进高等职业学校提质培优、产教融合、校企合作；支持各地开展中国特色高水平高职学校和专业建设等。

二是支持各地落实中等职业学校生均拨款制度，并鼓励各地探索建立基于专业大类的差异化生均拨款制度，明确拨款标准并逐步提高生均拨款水平；支持各地在优化布局结构的基础上，改扩建中等职业学校校舍、实验实训场地以及其他附属设施，配置图书和教学仪器设备等；支持推进中等职业学校提质培优、产教融合、校企合作等。

三是支持各地实施职业院校教师素质提高计划，加强“双师型”专任教师和“学历证书＋若干职业技能等级证书”制度师资培养培训，提高教师教育教学水平；支持职业院校设立兼职教师岗位，优化教师队伍人员结构等。

专栏七

职业院校教师素质提高计划：2021 年 7 月，教育部、财政部印发通知，决定联合实施职业院校教师素质提高计划（2021—2025 年），从优化完善教师培训内容、健全教师精准培训机制、健全教师发展支持体系、强化日常管理和考核 4 个方面明确 10 项重点任务，努力造就一支师德高尚、技艺精湛、专兼结合、充满活力的高素质“双师型”教师队伍，推动职业教育高质量发展。2022 年，人力资源社会保障部组织开展工学一体化师资培训，力争到“十四五”末实现培训 10000 名工学一体化教师目标。

三、加大政府支持力度

2022 年 4 月 20 日修订的《中华人民共和国职业教育法》明确提出：“各级人民政府应当将发展职业教育纳入国民经济和社会发展规划，与促进就业创业和推动发展方式转变、产业结构调整、技术优化升级等整体部署、统筹实施。”2025 年《政府工作报告》提出，开展大规模职业技能提升培训行动，增强制造业、服务业紧缺技能人才供给。截至 2024 年底，全国建设技工院校 2400 多所，在校生规模 430 万人，毕业生就业率 97%，面向社会年均培训人员 600 万人次，累计建设 1176 个国家级高技能人才培训基地。

要进一步完善政府指导和支持企业、社会力量依法举办职业学校的机制，鼓励企业和社会力量深度参与产教融合、校企合作，依托技工教育和职业培训教学指导委员会成立机械装备制造、数字化制造、智能制造专业群分委员会，大力建设企业技能人才服务站，切实提升企业技能人才供给能力。要结合当地国民经济和社会发展规划，加强职业院校建设，做到围绕产业和市场需求办学校、根据产业发展设专业、按照企业用人需求调整教学目标和内容。建立职业院校毕业生就业率和就业质量等指标与财政补贴挂钩的管理机制，激励职业院校提高人才培养和供给能力。加强与职业教育发达国家的交流合作，引进优质职业教育资源，参与制定职业教育国际标准，开发国际通用的专业标准和课程体系，推出一批具有国际影响力的高质量专业标准、课程标准、教学资源，建设一批鲁班工坊，打造中国职业教育国际品牌。

第二节　加大复合型技术技能人才培养力度

《意见》提出：“健全产业工人终身职业技能培训制度，为发展新质生产力、推动高质量发展培养急需人才。大力实施技能中国行动、职业教育现场工程师专项培养计划、青年技能人才锻造行动，全面推进工学一体化技能人才培养模式。”

随着数字经济的快速发展，以互联网、大数据、云计算、人工智能、物联网等为代表的新一代数字科技与实体经济的日趋融合，生产自动化和智能化水平不断提高。新型工业化强调信息化与工业化的深度融合，要求产业工人熟练掌握智能制造、自动化设备、数字工具等现代工业技术，必须不断加大复合型技术技能人才培养力度。

一、健全产业工人终身职业技能培训制度

随着产业转型升级和人工智能时代来临，生产工艺不断变化发展，新工艺、新流程不断涌现，技能人才的岗位需求从标准化逐渐向复合型转变。要深入贯彻落实《国务院关于推行终身职业技能培训制度的意见》，着力完善技能人才培养、使用、评价、激励机制，以企业自主培训、市场化培训为主要供给，以政府补贴培训为有益补充，以行业企业、公共实训基地、普通高校、职业院校、职业技能培训机构等为主要载体，以就业技能培训、岗位技能提升培训和创业培训为主要形式，健全完善资源充足、布局合理、结构优化、载体多元的产业工人终身职业技能培训制度。要全面整合培训资源，把学历教育、技能提升、就业培训统一起来，探索建立职业技能培训资源、职业资格证书、职业技能等级证书和专项职业能力证书信息共享机制，确保产业工人技术技能水平与发展新质生产力的需求相适应，大力培养更多新兴职业技能人才。

专栏八

终身职业技能培训制度：2018 年 5 月，国务院出台《关于推行终身职业技能培训制度的意见》，提出“建立并推行覆盖城乡全体劳动者、

贯穿劳动者学习工作终身、适应就业创业和人才成长需要以及经济社会发展需求的终身职业技能培训制度”等举措。

二、推进工学一体化技能人才培养模式

紧紧围绕制定一体化课程标准、开发一体化教学资源、应用一体化教学方法、建设一体化教学场地、加强一体化师资建设等五个方面“一体化”，形成以综合职业能力培养为目标，将工作过程和学习过程融为一体，培育德技并修、技艺精湛的技能劳动者和能工巧匠的人才培养方式。通过引企驻校、引校进企、校企联动、企业办学等方式，共同推动工学一体化课程资源开发、师资培训、设施共享、成果互认。要对接制造业产业链、创新链发展，大力建设先进制造业等产业需要的新兴专业和优质专业，开发优质教学资源包，依托工学一体化教师培训基地，开展工学一体化教师培训。技工院校要在职业技能培训工作中发挥高端引领、示范带动作用，通过设立企业培训工作站，创建共建技能大师工作室等方式，引入生产企业工作流程和管理模式，提取典型工作任务用于培训实训。

专栏九

工学一体化技能人才培养模式：2022 年，人力资源社会保障部印发《推进技工院校工学一体化技能人才培养模式实施方案》，力争到“十四五”末实现建设 100 个工学一体化培养模式专业、1000 所技工院校参与实施工学一体化工作、培训 10000 名工学一体化教师的“百千万”总目标。

三、扎实推进专项培养计划

大力实施技能中国行动，灵活运用数字化、项目制、开放式等途径，实施“互联网 + 职业技能培训计划”，开展“送教上门”等培训模式，加强工匠学院、实训基地建设，广泛开展新业态新模式从业人员技能培训，为产业工人提供普惠性、均等化的职业技能培训。深入实施职业教育现场工程师专项培养计划，面向先进制造业、战略性新兴产业和现代服务业等重点领域数字化、智能化职业，建设一批现场工程师学院，培养一大批具备工匠精神，精操作、懂工艺、会管理、善协作、能创新的现场工程师。落实青年技能人才锻造行动，搭建技能人才成长平台，完善典型选树和交流机制，努力锻造一批政治合格、能力突出的青年高技能人才、能工巧匠、大国工匠。全面实践现代学徒制、企业新型学徒制，促进行业、企业参与职业教育人才培养全过程，实现专业设置与产业需求对接，课程内容与职业标准对接，教学过程与生产过程对接，毕业证书与职业资格证书对接，职业教育与终身学习对接，提高人才培养质量和针对性。

专栏十

《“技能中国行动”实施方案》：2021 年 6 月，人力资源社会保障部印发《“技能中国行动”实施方案》，决定在“十四五”期间组织实施技能中国行动，明确了“十四五”时期推动技能人才工作的目标任务、基本原则、工作举措和保障措施。从技能人才培养、使用、评价、激励等环节入手，围绕健全“技能中国”政策制度体系和实施“技能提升”“技能强企”“技能激励”“技能合作”四大行动，提出 20 条具体举措。

专栏十一

现代学徒制：2014 年 5 月 2 日，国务院印发《关于加快发展现代职业教育的决定》，对“开展校企联合招生、联合培养的现代学徒制试点，完善支持政策，推进校企一体化育人”作出具体要求，标志现代学徒制已经成为国家人力资源开发的重要战略。2014 年 8 月，教育部印发《关于开展现代学徒制试点工作的意见》，制定了工作方案。现代学徒制有利于促进行业、企业参与职业教育人才培养全过程，实现专业设置与产业需求对接，课程内容与职业标准对接，教学过程与生产过程对接，毕业证书与职业资格证书对接，职业教育与终身学习对接，提高人才培养质量和针对性。

专栏十二

企业新型学徒制：2015 年 8 月，人力资源社会保障部、财政部共同印发了《关于开展企业新型学徒制试点工作的通知》，制定了《企业新型学徒制试点工作方案》，按照政府引导、企业为主、院校参与的原则，采取“企校双制、工学一体”的模式，即由企业与技工院校、职业院校、职业培训机构、企业培训中心等教育培训机构采取企校双师带徒、工学交替培养等模式共同培养学徒。

四、建立健全工匠学院建设体系

在新质生产力重点产业领域和重点区域布局建设工匠学院，指导地方构建贯通省市县三级的工匠人才培育体系。深入推进

“1+1+N”工匠学院体系建设，到2026年建设500家全国总工会重点支持的工匠学院。发挥劳模工匠作用，加快推进工匠人才师资队伍建设，围绕加快发展新质生产力，积极开发培训资源、丰富培训方式、扩展培训渠道，提升服务能力和水平。注重发挥企业作用，推动大型骨干企业，特别是产业链、供应链链主企业和有条件的民营企业建设工匠学院。积极利用优质院校、工会学校和产业园区资源建设工匠学院，聚焦重点职业（工种），持续开发体系化技能培训课程。积极推进实训基地建设，结合产业结构和企业发展方向，培育特色工种品牌，推动特色培训品牌在区域范围乃至全国范围具有一定影响力和辐射带动作用。加快工匠学院数智化建设，组织各级各类工匠学院入驻“职工之家”APP，并作为创作者（UP主）上传体系化线上技能学习课程。

第三节　落实企业培养产业工人的主体责任

《意见》提出：“构建以企业为主体、职业学校为基础，政府推动、社会支持、工会参与的技能人才培养体系。鼓励大型企业制定技能人才发展战略，健全产业工人培训制度，积极开展公共职业技能培训。企业按规定足额提取和使用职工教育经费，确保60%以上用于一线职工教育和培训。发挥工会系统、行业协会、社会培训机构作用，帮助中小企业开展技能培训。”

企业是促进产业工人技能提升的主体，也是产业工人成长进步、建功立业的主阵地。落实企业培养产业工人的主体责任，有利于改善技能人才培养结构，解决技能供给不足和“技能错配”，提高人才培养的适应性和企业竞争力。

一、构建以企业为主体的技能人才培养体系

近年来，中共中央、国务院先后出台《国家中长期人才发展规划纲要（2010—2020年）》《高技能人才队伍建设中长期规划（2010—2020年）》《国家高技能人才振兴计划实施方案》《关于加强企业技能人才队伍建设的意见》等，构筑起高技能人才培养的政策框架，突出强调要发挥企业在技能人才培养体系中的重要作用。2025年1月15日，人力资源社会保障部、国家发展改革委、全国总工会等8部门发布《关于推动技能强企工作的指导意见》，提出支持企业自主培养技能人才、加大企业技能人才供给、完善企业技能人才工资分配制度等9项措施，进一步激活各类企业技能人才培养主体作用，促进职工增技、技能增收、企业增效。

一是激发企业培训产业工人的内生动力。探索建立企业培训补偿机制，对积极开展技能人才培训的企业，以及对企业付出的技能人才培养成本给予一定的政策性补贴。落实将企业职工教育经费税前扣除限额提高至工资薪金总额的8%，超过部分准予在以后纳税年度结转扣除等政策规定。支持具备条件的企业建设高技能人才培训基地、技能实训基地、技能大师工作室和劳模工匠创新工作室。支持和引导企业发挥资本、技术、设施设备、场地和管理等方面优势，举办或者联合举办职业学校和职业培训机构，建设工匠学院，对新招用、在岗和转岗产业工人进行培养。

二是不断完善以企业为主体的技能培训供给体系。强化由企业出岗位、出标准、出师傅，学校出学生、出教师、出教学资源，政府出政策、出服务、出管理，打造以产业链链主企业、行业龙头企

业、制造业单项冠军企业、专精特新中小企业等为主体，高等学校、职业学校（含技工院校）、培训机构、技能评价机构、就业和人力资源服务机构等共同参与，产业、教学、评价衔接融通的技能生态链。大力推行“岗位需求 + 技能培训 + 就业服务”的项目化培训模式，做好培训和评价融通衔接工作，技能生态链链主企业可直接作为职业技能等级认定机构，面向生态链内企业产业工人开展技能等级评价，颁发的职业技能等级证书，纳入全国联网查询系统。

三是强化企业职业技能培训的工作合力。政府要深化职业教育改革，推进与产业发展相契合的职业院校、应用型大学与企业尤其是行业龙头大型企业的深度合作，推进职业技能培训，完善技能培育激励机制。工会要主动参与职业技能培育体系建设工作，对接、助推、协调职业技能培育体系建设的各项工作，推荐劳模工匠担任职业院校兼职教师，主动参与重点行业、领域职业技能培育计划，推动在战略性新兴产业、骨干企业和产业工人集聚园区开展职业技能培育试点工作。行业协会、社会组织要积极参与职业技能培训，健全社会化培训清单管理、部门监督、学员评价、规范补贴、优胜劣汰的管理机制。

二、鼓励大型企业制定技能人才发展战略

制定技能人才发展战略是推动企业持续创新和提升竞争力的重要举措。大型企业要充分发挥人才优势、资金优势、规模优势、发展优势，在制定技能人才发展战略，加强技能人才培养、使用、激励等方面发挥示范引领作用，带动更多企业重视技能人才培养，促进企业创新发展和产业工人职业发展。要明确战略目标，将技能人才培养纳入企业长期发展战略，定期评估企业未来所需的技能，结

合行业趋势和技术变革，明确人才培养方向。要建立健全培训体系，加强校企合作和行业协会合作，参与行业技能人才培养标准制定，利用数字化工具提供灵活的学习资源，支持产业工人自主学习，通过人才升级推进产业升级。要不断完善激励机制，为产业工人建立清晰的晋升路径，畅通跨部门轮岗通道，通过奖金、表彰等方式，奖励在技能提升中表现突出的产业工人。要改进技能评价方式，积极开展产业工人技能等级自主评价，加大对创新能力、现场解决问题能力和业绩贡献的评价比重，形成以职业技能人才评价为重点、行业职业技能标准为主导、社会化职业技能鉴定为基础、职业院校技能认证为补充的技能人才多元评价机制。

三、帮助中小企业开展技能培训

2022 年 9 月 8 日，习近平总书记向全国专精特新中小企业发展大会致贺信，强调中小企业是推动创新、促进就业、改善民生的重要力量；各级党委和政府要为中小企业发展营造良好环境，加大对中小企业支持力度。2023 年 7 月 14 日，中共中央、国务院印发《关于促进民营经济发展壮大的意见》，提出推进民营经济产业工人队伍建设。《中华人民共和国就业促进法》《中华人民共和国中小企业促进法》等都明确给予中小企业在技能培训等方面的支持措施。

一是保障技术技能人才供给。加强数字技术工程师培育，围绕智能制造、大数据、区块链等与专精特新中小企业关联度高的新领域，分职业、分方向、分等级开展规范化培训。政府相关部门要梳理专精特新中小企业急需紧缺职业（工种）信息，及时更新本地区技能培训专业目录，科学设置培训课程，推广订单、定向、定岗式培训。要鼓励专精特新中小企业组织员工开展职业技能培训，健全产教融合、校企合作机制，支持开展数字技能、绿色技能等领域技能人才联合培养。

二是支持技术技能人才发展。按照国家有关规定，动态调整职称专业设置，根据当地产业发展和专精特新中小企业需要，增设人工智能、大数据、工业互联网等新专业，健全完善职业标准和评价标准体系。鼓励地方结合实际，将专精特新中小企业急需紧缺人才纳入人才引进目录、人才政策支持范围，加大对人才住房、子女教育等方面支持力度。

三是加大支持力度。各级政府部门要通过“政策激励 + 公共服务 + 市场协同”的组合拳，降低中小企业培训成本，解决“不愿培、不会培、没钱培”的痛点。对中小企业中符合条件的贫困家庭子女、毕业年度高校毕业生、“两后生”、农村转移就业劳动者、失业人员等参加岗前培训，新招用和转岗人员参加企业新型学徒制培训，失业保险参保职工参加培训获得初中高级职业资格证书或技能等级证书，产业工人参加技师和高级技师培训，产业工人个人或企业可以按规定享受职业培训补贴政策。

专栏十三

“一起益企”中小微企业服务行动：2024 年，工业和信息化部等 18 部门联合印发通知，部署开展“一起益企”中小微企业服务行动。要求各地相关行业主管部门充分发挥资源优势，积极动员系统力量，结合各地实际和产业特色，按照《服务行动清单》，重点从疏通政策落实堵点、化解经营痛点难点、提高发展质量效益等三个方面开展服务行动。

第四节 促进产业工人知识更新和学历提升

《意见》提出："实施产业工人继续教育项目，鼓励更多高等学校、开放大学开设劳模和工匠人才、高技能人才学历教育班、高级研修班，举办劳模工匠创新培训营，持续深化劳模工匠、高技能人才境外培训和国际交流活动。发挥国家各类职业教育智慧教育平台作用。打造全国产业工人智能化技能学习平台。充分发挥工人文化宫等社会公益阵地作用，向农民工、新就业形态劳动者提供普惠制、普及性技能培训服务。"

产业工人身处生产制造领域最前沿，在加快产业转型升级、推动新技术应用、提高企业竞争力等方面具有基础性、支撑性作用。加快推进产业智能化、绿色化、融合化，建设具有完整性、先进性、安全性的现代化产业体系，迫切需要加强产业工人知识更新与学历提升，主动适应当今世界科技革命和产业变革，切实跟上时代步伐，发挥好工人阶级主力军作用。

一、实施产业工人继续教育项目

当前，我国制造业产业工人特别是农民工受教育程度普遍偏低，接受高等教育的比例仅 18.6%。2016 年，教育部与全国总工会联合实施《农民工学历与能力提升行动计划——"求学圆梦行动"实施方案》，累计资助 240 余万人参与学历继续教育，1000 万人次参与非学历教育。2025 年，全国总工会、教育部、人力资源社会保障部、全国工商联印发《关于广泛实施求学圆梦行动 推进产业工人学历与能力提升的意见》，打造“求学圆梦行动”升级版，带动更多产业工人树立和践行终身学习理念，主动提升学历与能力。

一是创新产业工人参与继续教育的有效途径。深化学校与行业企业的人才培养合作，因地制宜创新人才培养模式，打造适合产业工人特点，线上线下相结合，支持产业工人灵活多样学习的教学模式和课程体系，健全德技并修、工学结合育人机制。支持各类学校做好高等学历继续教育，开展具有针对性、实效性的技能培训，鼓励更多高等学校、开放大学开设劳模和工匠人才、高技能人才学历教育班、高级研修班，举办劳模工匠创新培训营，持续深化劳模工匠、高技能人才境外培训和国际交流活动。

二是推动学习成果认定和转换。逐步建设产业工人学习成果认证与转换的标准体系，推进各类学历教育、非学历教育学习成果、职业技能等级学分、企业认证证书等成果转换互认，支持产业工人终身学习。支持各类院校结合自身实际，依据学习成果认定标准，认定产业工人的工作资历和在非正式学习中获得的学习成果。鼓励技能评价机构对完成相关专业学历教育的产业工人，在职业技能等级认定时适当免试。

三是引导企业加大对产业工人的支持力度。完善企业培训制度，保障产业工人学习权益，鼓励企业加大产业工人教育投入，并支持产业工人带薪学习。鼓励和支持大中型企业建设工匠学院，积极开展公共职业技能培训。引导中小企业用好相关学习服务平台和资源开展学习培训。引导企业将产业工人参加继续教育情况与个人薪酬增长、职业技能评定相结合。

专栏十四

“求学圆梦行动”：2016 年 3 月，教育部与全国总工会联合实施《农民工学历与能力提升行动计划——“求学圆梦行动”实施方案》。2025 年，全国总工会、教育部、人力资源社会保障部、全国工商联印发《关于广泛实施求学圆梦行动 推进产业工人学历与能力提升的意见》，提出立足职业发展和岗位需求，面向产业工人，提供高等学历继续教育和非学历教育。到 2030 年，打造不少于 300 个产业工人学历与能力提升项目；资助不少于 300 万名符合入学条件的产业工人，其中农民工不少于 200 万名，带动更多产业工人树立和践行终身学习理念，主动提升学历与能力，助力建设一流产业技术工人队伍，为以中国式现代化全面推进强国建设、民族复兴伟业提供有力支撑。

二、打造全国产业工人智能化技能学习平台

习近平总书记在全国教育大会上强调，“深入实施国家教育数字化战略，扩大优质教育资源受益面，提升终身学习公共服务水平”。打造全国产业工人智能化技能学习平台，旨在通过整合优质教育资源，利用数字技术实现智能化、网络化的学习服务，以满足产业工人多样化的学习需求。

一是加大资源供给。要强化政策支持，鼓励支持各级各类产业工人智能化技能学习平台建设和发展。全国总工会于 2024 年 7 月成功上线“职工之家”APP，提供“劳模工匠”“技能学习”“劳动竞赛”“职工成果”“产改专区”“劳动保护”等模块，持续优化服务和功能，为产业工人更新知识内容和结构、提升学历水平提供了更多

便利条件。要加强政府、企业、学校等各方之间的合作与交流，探索推进和完善工业和信息化技术技能人才网上学习平台、人力资源社会保障部教育培训网等平台资源共建共享、优势互补的合作机制，提高培训资源利用率。

二是构建面向社区园区便利化、普惠化的学习网络。着力优化产业工人学习阵地布局，聚焦中小企业和农民工、新就业形态人员，积极争取政府部门支持，发挥企业积极性，在街道社区、产业园区、商圈楼宇等产业工人聚集区建设文化场馆、职工书屋等，构建“企业—产业园区—社区—镇街—楼宇”圈层式服务网络，打造布局合理、覆盖广泛、资源集成、服务共享的服务体系，为产业工人提供便捷、高效的学习服务。

三是加快建设“工会服务职工技术技能云”和“工会服务职工创新创造云”。充分运用人工智能、大数据等技术，推动产业工人共享共用技能学习课程和创新成果等内容，实现个性化推荐、智能化匹配。组织劳模工匠、劳模工匠创新工作室、工匠学院、链主企业、各类竞赛优胜选手（高技能人才）、各全国产业工会和各级工会劳动和经济工作部门等 6 类 UP 主入驻点亮，组织产业工人在线报名技能竞赛，参加网上练兵、线上比武、答题闯关等各类活动，学习劳模先进事迹、汲取工匠榜样力量，畅游海量内容资源、提升技术技能水平，借鉴创新成果、助力创新创造。

专栏十五

“职工之家”APP：作为全国工会系统“一网通办”“一键入会”的顶层入口，“职工之家”APP 旨在为亿万职工群众和广大工会工作者提供全面、便捷的一站式服务。依托工会数字身份卡包，职工注册后即拥有一张畅游“工会系”互联网世界的通行证，可以实现对全国工会网上平台的一口进入、一键全通。“职工之家”APP已在苹果、华为、小米、vivo、OPPO等应用市场上线。主要包含职工服务区、工会工作者服务区、服务站点地图、宣传推广区和工会频道等板块。职工服务区为职工提供入会转会、12351热线网络端、大思政课、法律服务、工会驿站+、就业帮扶、劳模工匠、技能学习、劳动竞赛、职工成果、产改专区、劳动保护、疗休养、职工书屋、健康助手、送温暖、婚育家园、困难帮扶、爱心互献、工会爱心餐等服务功能。工会工作者服务区提供学习强会、站点采集、会籍管理、工会入驻等功能。服务站点地图主要展示各级工会服务阵地的位置及服务信息。宣传推广区主要展示全国工会重点工作创新案例和相关文献资料等。工会频道接入各省级工会、产业工会服务板块。除此以外，平台会根据用户当前定位，提供所在地方工会的服务专区入口。

三、开展普惠制、普及性技能培训

开展普惠制、普及性技能培训，旨在通过有组织的系统培训，拓宽产业工人获取职业技能培训的渠道，提高产业工人参与技能培训的便利性和实效性，满足产业工人对技能提升的热切期待，主动适应产业转型升级的需要。

一是充分发挥工人文化宫等社会公益阵地作用。工人文化宫、职工书屋等各类职工文体活动场馆，通常拥有较为完善的场地和设施，可以充分利用这些资源，开设各类公益技能培训课程。例如，可以设立专门的技能培训教室、实训室等，为产业工人提供实践操作的机会。邀请行业专家、技能大师等担任培训讲师，为产业工人提供专业、实用的技能培训。同时，也可以培养一批内部的培训讲师，形成稳定的公益性师资队伍。

二是着力增强培训工作的便利性。积极主动适应产业工人工作生活实际，不断创新培训形式和内容，搭建数字资源线上培训服务平台，支持其根据自身实践和需求参加个性化培训。要进一步完善产业工人技术技能培养机制，降低产业工人接受技能培训的门槛，充分挖掘和调动社会力量参与培养，为产业工人提供更丰富、更便利的培训服务。要深化新就业形态劳动者入会工作，建设好“劳动者港湾”、爱心驿站等工会户外劳动者服务站点，发挥工会服务阵地的“大学校”作用，做实“互联网+”普惠性服务。

三是深入实施专项培训计划。实施青年专项技能培训计划，以普通高校、职业学校毕业年度毕业生和其他青年群体为培训对象，通过企校双师带徒、工学交替，培养适合企业发展和岗位需要的高技能人才，对城乡未继续升学的初高中毕业生开展劳动预备制培训。实施退役军人培训计划，依托高校、职业院校、社会培训机构、创业孵化基地等现有资源开展退役军人就业创业培训。

典型案例五

创新“双元制”育匠模式 培养更多工匠人才

河北省保定市委、市政府高度重视产业工人队伍建设改革，聚焦培养适配新质生产力发展的工匠人才，创新“双元制”育匠模式，通过资源“赋能”、课程“定制”、教法“激活”，推动构建“工匠学院＋实训基地＋线上线下结合培训＋技能竞赛＋工匠选树”五位一体长链条职工技术技能提升工作体系，着力将保定工匠学院打造成“工匠摇篮”和全国一流工匠学院，为推动保定高质量发展提供技能支撑和人才保障。

一、资源“赋能”，强化校企交流融通

一是实训基地“赋能”。工匠学院依托保定技师学院办学，共用中德（保定）工业 4.0 智能制造公共实训基地，为工匠人才科技成果转化、创新创业人才培养提供支撑平台和服务。二是专业教师“赋能”。与华北电力大学等 4 所高校签约为育匠合作院校，与长城汽车股份有限公司等 23 家企业签约成立育匠基地，校企之间教师互兼互聘、深度交流融通。三是技能竞赛“赋能”。承办各级各类职工职业技能竞赛，学院以赛促练、以赛促学、以赛促进，在大赛中锻炼人才、发掘人才。

二、课程“定制”，创新理论实操模式

按照大国工匠“五力”培育发展方向，借鉴德国双元制培训体系，与企业对接，根据企业需求和职工实际情况，以提升技术技能水平为导向，突出岗位创新能力培养，采用线下课程与线上课程相结合、集中培训和自主设计相结合的模式，根据职工职业能力，个性化定制培训方案。将理论和实践相融合，实施理实一体模式，相互指导、验证、巩固，推进提升，激发职工学习主动性，不断提升自身理论素质、技能技术水平，每年培育“保定工匠”200 名、县级工匠 800 名，选育“工匠之师”105 名，通过教学及项目课程开发能力的培训，提升“保定工匠”的技术技能教授能力，推动“以师育匠”“以匠育工”，促进“学院＋企业”共同发展。

三、教法“激活”，采用数智化教学

工匠学院采用数智化教学，聘请行业领域专家，建设“工匠云学院”专栏，开设“数字工匠云课堂”，打造“智造保定，数字工匠”系列培训课程，共计24个，11.3万人线上学习。采用“订单式”“点餐式”培训模式，开设保定工匠学院公益直播培训课堂，已播出23期，53万余人次进行观看；根据企业需求，为企业提供订单式线上线下特色培训166期，培训涉及电商、数字工匠、机器人操作工汽车制造等27个职业（工种），参训人员25.3万余人。

典型案例六

聚力“双师型” 锻造高质量“工匠之师”

河南省将建设高素质职业教育教师队伍作为深化产业工人队伍建设改革的重要支撑，打造高质量“工匠之师”，培育出一批具备精湛技艺和创新精神的优秀技术技能人才队伍。

一、高位推动，双元培训助力“双师”成长

河南省委、省政府出台《关于推动现代职业教育高质量发展的实施意见》等指导性政策文件，从制度层面健全“双师型”教师发展保障体系。创新培训方式方法，依托国家级师资培训基地、省级师资培训基地，建立专业门类较为齐全、学术水平较高的职教师资培训专家库。探索“学校＋企业”的“双元”培训模式，让专业贴着产业办、教学围着生产转、教师师傅角色转，依托45个“双师型”教师培养培训基地，开展大规模“双师型”教师培养培训，提升教师教育教学能力和专业实践能力，年培训职业院校教师 1.8 万人次。制定河南省职业学校“双师型”教师认定办法，3.4 万名高等职业学校教师被认定为“双师型”教师。

二、校企交流，专兼结合优化“双师”结构

河南省总工会联合教育厅全面推进“劳模工匠进校园”活动，大国工匠杨金安、百名中原大工匠被职业院校聘为创业导师，462 名劳模工匠被聘为客座教授、兼职辅导员。依托相关企业资源，建设 50 个省级职业教育教师企业实践基地，倡导职业院校教师走进企业一线实践，提升专业技能水平。支持职业学校聘请高技能人才到校任教，参与人才培养、教学研究等工作，对中职学校、高职学校聘请的兼职教师每人每年分别给予 3 万元、4 万元补贴。兼职教师依托“培、练、赛”和“传、帮、带”培训模式，通过“一对一”“一对多”师带徒、操作陪练、技艺比武、理论授课等方式，把业务知识和绝技绝活传授给学生。

三、经费支持，制度建构激发“双师”活力

注重领军人才培养，建立完善教师梯队攀升体系，省政府评审认定 488 名省级职业教育教学专家，每人每月享受省政府津贴 300 元，先后有 53 名职业学校教师入选河南“中原英才计划”。建立职业院校教师职称评审体系，注重实践教学和技术技能人才培养实绩，注重产教融合、校企合作和工学结合的教学改革实绩，畅通职业学校教师职业发展通道。提高职业院校高级岗位结构比例，中等职业学校提高 8% 左右，正高级岗位按 5% 核定。建立体现以增加知识价值为导向的收入分配机制，允许职业学校教师在完成教学工作任务前提下兼职从事技术创新、科技开发工作，并按规定取得合法报酬，有效调动教师的工作积极性。

典型案例七

构建技能形成体系 推动现代化产业体系建设

陕西省全面贯彻落实《中共中央 国务院关于深化产业工人队伍建设改革的意见》，整合资源、协同发力，着力构建完善技能形成体系，全省技能人才队伍持续壮大、素质稳步提升、活力不断释放。截至2024年，全省技能人才总量达到611.04万人，其中高技能人才182.87万人，为推动陕西现代化产业体系建设提供了有力技能人才支撑。

一、聚焦产业需求，推进产业工人素质提升

深入实施职业技能提升工程，围绕就业重点人群和重点项目用工需求，开展制造业、数字领域等“六个一批”技能培训，即全省每年培养制造业高技能人才5万人次、数字技能人才1万人次、新职业技能人才2万人次、现代服务业技能人才20万人次、县域技能人才2万人次、“新技师”5000人次，为新型工业化提供技能人才支撑。2023年以来，开展政府补贴性职业技能培训73.09万人次。同时运用“互联网＋技术”等创新模式，开展网上技能培训、网上练兵、网上比武等活动。省总工会每年列支300余万元专项资金，开展全省优秀班组长培训，已培训6000余人次。与西安交通大学联合举办劳模工匠学历提升班，45名学员取得本科学历。举办劳模工匠主体培训班22期，培训1200人次。

二、完善激励政策，拓宽产业工人发展空间

陕西省出台《关于加强新时代高技能人才队伍建设的实施意见》《陕西省加强高技能领军人才培育16条措施》等一系列政策，建立产业工人素质提升激励机制。全面落实“新八级工”制度，新评聘特级技师123人，对技艺高超、业绩突出的一线职工，打破学历、资历、年龄、比例等限制，可直接认定高级工以上职业技能等级，对技能岗位等级设置完整的职业（工种），企业可直接认定技师、高级技师。加大“两类人才”贯通力度，支持高技能人才参加工程系列职称评审，贯通领域扩大为工程、实验技术、技工院校教师等职称系列。省总工会加大落实提高技术工人待遇措施，累计兑现奖励补贴资金1256.7万元，每年为3000名农民工发放“求学圆梦”行动学历提升补助300万元。

三、搭建发展平台，打通成长绿色通道

全省累计建成高技能人才培训基地207个，技工院校118所，公共实训基地16个，创建省级示范性劳模工匠创新工作室180个、创新工作室联盟18个。11个部门联合印发《陕西省职业技能竞赛管理办法》，省总工会每年列支700万元专项经费持续实施劳动竞赛“十百千万”工程，每年举办各类省级职业技能竞赛百余场，覆盖200多个职业（工种）。2024年成功举办第八届全国职工职业技能大赛决赛和陕西省2024职业技能大赛；举办陕西首届班组建设大赛，参加全国“红旗杯”班组大赛，2.67万名班组长以赛促训。

四、突出示范引领，加强一流产业工人培育选树

2018年，陕西省委、省政府印发《陕西省“三秦工匠”计划实施办法》；2024年12月，经批准陕西省“三秦工匠”继续列为陕西

省委、省政府表彰项目，每年命名表彰40名。2023年推动卓越技术技能人才纳入省委三秦英才特殊支持计划，每年遴选40名。截至2024年，全省累计培育大国工匠7人、大国工匠培育对象8名、中华技能大奖获得者12人、全国技术能手305人、三秦工匠180人、卓越技术技能人才80人、陕西省首席技师280人、陕西省技术能手5123名。

第四章　健全产业工人职业发展体系

拓宽产业工人成长成才空间，关系产业工人根本利益、关系调动产业工人生产积极性、关系促进产业工人全面发展。《意见》围绕促进产业工人成长成才，提出健全职业发展体系，从畅通产业工人向上发展通道和贯通产业工人横向发展机制两个维度，对事关产业工人职业发展的重大问题进行了系统谋划。

第一节　畅通产业工人向上发展通道

《意见》提出："建立以创新能力、质量、实效、贡献为导向，注重劳模精神、劳动精神、工匠精神培育和职业道德养成的技能人才评价体系。把大国工匠、高技能人才纳入党管人才总体安排统筹考虑，支持各地将急需紧缺技能人才纳入人才引进目录。深入实施职业技能等级认定提质扩面行动。健全'新八级工'职业技能等级制度。"

受限于教育背景、技能培训等，产业工人向上发展前景不明朗、通道不顺畅，许多产业工人从业多年，薪资和技能等级难以提高。要打通人才流动、使用、发挥作用中的体制机制障碍，建立更为灵活的人才管理机制，健全技能人才培养、使用、评价、激励制度，加快培养大批高素质劳动者和技术技能人才。

一、完善技能人才评价体系

技能人才评价是技能人才工作的重要组成部分，是技能人才开发的“牛鼻子”和“指挥棒”，是企业选人用人以及劳动者求职就业、工资薪酬认定、个人发展规划的重要依据。因此，建立科学合理的技能人才评价体系，是畅通产业工人向上发展通道的重要基石，将为技能人才提供更公平的职业发展机会。

一是明晰评价主体责任。政府相关部门要加强对技能人才评价工作的统筹管理，构建职业标准体系。社会组织、行业协会、第三方评价机构要发挥专业性、灵活性，填补政府与市场的功能间隙，细化国家标准和行业适配，推行场景化考核模式。符合条件的企业要积极开展评价工作，自主确定技能人才评价职业（工种）范围，自主设置岗位等级，自主开发制定岗位规范，自主运用评价方式开展技能人才职业技能等级评价。

二是完善人才评价标准。建立以创新能力、质量、实效、贡献为导向，注重劳模精神、劳动精神、工匠精神培育和职业道德养成的技能人才评价体系，推动职业技能评价与终身职业技能培训制度相适应，与使用、待遇相衔接。根据产业发展和技术进步，及时更新评价标准，深化职业资格制度改革，完善职业资格目录，实行动态调整。围绕新业态、新技术和劳务品牌、地方特色产业、非物质文化遗产传承项目等，加大专项职业能力考核项目开发力度。

三是优化人才评价方式。进一步规范技能人才评价管理，加强对社会评价组织的遴选和管理，构建政府监管、机构自律、社会监督的质量监督体系，保障评价认定结果的科学性、公平性和权威性。完善企业内部技能人才评价制度，更加注重工作业绩和生产经营实效，基于岗位层级的设置，明确不同层级的评价和晋升标准。鼓励有条件的企业开展职业技能等级自主认定，以赛促评，将技能竞赛成绩等作为评价条件。鼓励符合条件的专业技术人员按有关规定申请参加相应职业（工种）的技能评价。支持各地在符合条件的技能人才中招聘事业单位工作人员，重视从技能人才中培养选拔党政干部。

二、健全“新八级工”职业技能等级制度

2022 年 10 月，中共中央办公厅、国务院办公厅印发《关于加强新时代高技能人才队伍建设的意见》，明确提出建立健全技能人才职业技能等级制度（即“新八级工”制度），仅 2024 年就有超过 1200 万人次取得职业技能等级证书或职业资格证书，评聘特级技师、首席技师 2000 多人。“新八级工”制度的建立实施，进一步拓宽了技能人才职业发展通道，对于提高技能人才工资待遇水平、增强产业工人队伍稳定性都起着重要促进作用。

一是深入实施职业技能等级认定提质扩面行动。切实加强统筹规划，精心组织，推动有关企业以特级技师、首席技师为重点，自主开展技能人才评价。采取多种方式，通过多种渠道和途径宣传解读技能人才评价、“新八级工”职业技能等级制度等相关政策。企业可自主设置学徒工、特级技师、首席技师等职业技能等级（岗位），并明确其与国家职业标准相应技能等级之间的对应关系。

二是不断夯实技能等级提升基础。积极构建以市场化培训为主导、行业企业自主培训为主体的职业技能培训供给体系，形成以行业企业、技工院校、职业技能培训机构等为主要载体的培训组织实施体系。全力推动技能强企工作，激活企业技能人才培养主体作用，

促进企业、院校、政府三方联动，培育建设技能型企业，打造产教评技能生态链。做好培训和评价融通衔接工作，指导企业对参训产业工人及时开展职业技能等级认定，发放相应职业技能等级证书，促进产业工人成长成才。

三是拓宽先进制造业企业人才发展空间。建立先进制造业企业职称评审“绿色通道”或“直通车”，赋予相关企业高层次人才举荐权，推动具备条件的先进制造业企业试点开展高级职称自主评审。支持将发明专利、成果转化、标准制定等方面的工作绩效作为申报职称的重要参考，对高端人才探索以业绩陈述代替论文答辩。鼓励地方结合实际，将先进制造业企业急需紧缺人才纳入人才引进目录、人才政策支持范围。

专栏十六

“新八级工”职业技能等级制度： 2022 年 3 月，人力资源社会保障部印发《关于健全完善新时代技能人才职业技能等级制度的意见（试行）》，将原有的技能人才职业技能等级从五级延伸为八级，向上增加特级技师、首席技师，向下增设学徒工——形成由学徒工、初级工、中级工、高级工、技师、高级技师、特级技师、首席技师构成的“新八级工”职业技能等级序列，助力打破技能人才成长天花板，畅通职业发展通道，培育更多能工巧匠、高技能领军人才。

第二节　贯通产业工人横向发展机制

《意见》提出：“引导企业建立健全产业工人职业生涯指导计划。

推进学历教育学习成果、非学历教育学习成果、职业技能等级学分转换互认。建立职业资格、职业技能等级与相应职称、学历的双向比照认定制度，健全专业技术岗位、经营管理岗位、技能岗位互相贯通的长效机制。”

当前，产业工人横向发展空间还比较狭窄，在技术、技能、管理岗位相互转换中面临诸多体制机制障碍，不仅影响了产业工人的工作积极性，也不利于产业工人的全面发展。要进一步健全产业工人职业发展制度，畅通产业工人横向发展通道，拓展产业工人成长成才空间。

一、建立健全产业工人职业生涯指导计划

针对青年一代产业工人对个人职业生涯和事业发展的多元化诉求，引导企业充分考虑产业工人技能水平和发展路径，建立健全产业工人职业生涯指导计划，是帮助产业工人明确职业发展方向、实现自身价值的重要保障，也是促进产业工人成长成才的基础性工程。

一是分类规划职业发展路径。对于刚入职的年轻产业工人，企业可以借助专业的职业测评工具，如性格测试、能力倾向测试等，全面了解他们的优势和劣势，为其制定短期、中期和长期的职业发展路径。短期规划要重点关注基础技能的培训和积累，通过岗位实习、导师带徒等方式，帮助他们快速熟悉工作环境和工作流程，掌握基本的操作技能。中期规划侧重于专业技能的提升和岗位晋升，鼓励他们参加各类技能培训和职业资格考试，提升自己的专业水平，争取晋升到技术骨干或基层管理岗位。长期规划可考虑向技术专家、高级管理岗位等方向发展，为他们提供更多的学习机会和发展平台，如参加高级研修班、参与企业战略决策等。

二是提供丰富多样的学习提升机会。企业可以与职业院校、专业培训机构建立长期合作关系，为产业工人提供在职培训、进修课程、技能竞赛等多种学习途径。在培训内容上，除了专业技能培训，还应注重综合素质的提升，包括沟通能力、团队协作能力、领导力、创新思维等方面的培训。通过开展户外拓展训练、团队项目合作、管理培训课程等活动，全面提升产业工人的综合素质。建立完善岗位轮换制度和激励机制，让产业工人有机会在不同岗位上锻炼成长。

三是定期开展评估和调整。建立职业生涯发展档案，对产业工人的培训记录、工作业绩、职业资格证书等进行详细记录，为评估和调整提供准确的数据支持。根据产业工人的实际工作表现、技能提升情况、职业兴趣变化以及市场需求的动态变化，及时帮助产业工人优化职业规划，确保职业规划始终符合产业工人的发展需求。

二、健全专业技术、经营管理、技能岗位互相贯通的长效机制

2022 年，中共中央办公厅、国务院办公厅印发的《关于加强新时代高技能人才队伍建设的意见》提出“畅通高技能人才向专业技术岗位或管理岗位流动渠道”。2025 年，《人力资源社会保障部等 8 部门关于推动技能强企工作的指导意见》进一步明确，通过职业资格互认、技能等级与职称衔接等方式，实现岗位横向流动。

一是畅通相互衔接、相互转换的流动渠道。打破技能人才、专业技术人员与管理人员等不同序列之间的边界，完善“技能岗—技术岗—管理岗”横向流动渠道，并行设置技能类、经营管理类、专业技术类职业发展通道，不同序列的通道之间互相对照，使符合条件的技术工人能够进入企业管理人员和专业技术人员行列，为产业

工人提供更加多元化的发展选择，实现产业工人技能等级晋升、职称晋升、职务晋升有效衔接、有序转换。

二是完善职业技能资格与专业技术资格双向比照认定。完善由国家职业标准、行业企业评价规范、专项职业能力考核规范等构成的多层次、相互衔接的职业标准体系。打破职业技能等级与专业技术职务之间界限，从高技能人才领域扩展到其他技能等级产业工人群体，从工程领域扩展到产业工人涉及的多个行业企业领域，建立明确的职业技能资格与专业技术资格双向比照认定标准。

三是实现技能等级证书与学历证书之间的等价互认。根据产业工人的知识、技能和能力要求，完善个人学习账号和学分累计制度，为产业工人建立终身学习成果档案，探索建立统一的产业技能框架和国家资历框架。完善学历与职业资格对接政策，保障持有相应技能等级证书的人员在求职、晋升等方面享受与学历证书持有人员同等的待遇。支持职业院校（技工院校）实施共同设计课程、共享资源、协同育人的教育模式，推进“学历证书＋若干职业技能等级证书”制度试点，建立职业资格（技能等级）与职称、学历比照认定制度。

专栏十七

国家资历框架：国家资历框架也被称为国家资格框架，是20世纪80年代兴起于欧美发达国家的一项教育质量提升战略。我国政策性文件中首次出现“国家资历框架”这一概念始于2016年颁布的《中华人民共和国国民经济和社会发展第十三个五年规划纲要》。2019年国务院印发的《国家职业教育改革实施方案》提出：“推进资历框架建设，探索实现学历证书和职业技能等级证书互通衔接。”建立国家资格框架，既包括正规学校的学历文凭，又包括自学和通过社会培训获得的职业资格，整合教育和培训等各类证书、资格标准，实现等值、互认，使职业教育、继续教育与生产实践对接、与产业升级需求对接、与国家经济社会发展对接。

典型案例八

积极落实“新八级工”制度
打破技能人才职业发展“天花板”

北京市深化产业工人队伍建设改革，积极落实“新八级工”制度，引导企业建立健全体现技能价值激励导向的薪酬分配制度，让广大技能劳动者实现职业发展与待遇地位“双提高”，实现“兜里更鼓、心里更亮”。截至 2024 年，已备案 247 家企业开展自主评价，覆盖 140 万职工。2024 年，1.5 万余名职工取得高级工、技师、高级技师等职业技能等级。

一、加大企业指导服务力度

北京市两办印发《关于加强新时代首都高技能人才队伍建设的实施方案》，明确提出建立“新八级工”制度。为全面推进特级技师、首席技师评聘工作，北京市采用“一企一案”模式，指导企业编写工作实施方案，明确可开展评聘的职业及相关标准，合理确定结构比例，并对评审标准、评审程序、评审方法和配套措施作出具体规定，对于有特殊贡献或特殊技艺的人才，允许突破现有工作年限规定参评。在“评”的层面，参评职工均为企业一线从事技术技能工作的优秀高技能人才，对具有高超技艺、贡献突出、获得国家或省市荣誉称号的高技能人才优先推荐；在“聘”的层面，指导企业制定聘任协议模板，与特级技师、首席技师签订聘任协议，落实相关待遇。

二、优化布局技能人才评价机构

聚焦首都重点产业领域，试点布局建设若干条“产教评”技能生态链，强化服务发展和促进就业导向，着力提高技能人才评价质效。支持符合条件的生态链企业按照行业企业评价规范，为生态链内部企业职工提供职业技能等级认定服务，在生态链内部加快推动落实“新八级工”制度，支持生态链内部高技能人才参加职称评审和专业技术人员职业资格考试，推进职业资格、职业技能等级与相应职称、学历双向比照认定，激发技能强企内生动力，培养选拔一批优秀技能人才。

三、建立岗位绩效工资制

北京市人社局、市总工会等部门联合印发《关于做好技能人才薪酬激励相关工作的意见（试行）》，在全市范围重点推进“新八级工”岗位绩效工资制，支持企业建立技能人才培养评价与待遇相结合的激励机制。在市属国有企业中发布《技能人才薪酬专项集体合同参考文本》，引导企业合理提高技能人才薪酬待遇。定期发布《北京市人力资源市场薪酬大数据报告》，关注技能人才、重点产业高精尖人才的薪酬水平，截至 2024 年，首席技师、特级技师薪酬中位值分别为 24.5 万元、19.8 万元，进一步增强市场热点群体的关注度。鼓励企业创新落实制度，首钢集团制定《首钢工匠评选管理办法》，对首钢工匠一次性奖励 10 万元，每月增加 1 万元补贴；北京建工集团开展建工英才评选活动，设立高技能人才奖项。

典型案例九

以法治力量助力技能人才职业发展

广东省人大常委会出台全国首部关于技能人才发展的地方性法规《广东省技能人才发展条例》（以下简称《条例》），为深化产业工人队伍建设改革、发展新质生产力、高质量推进制造强省建设提供有力的法治保障。

一、压实各方责任，深化产教融合校企合作培养模式

《条例》结合广东实际，进一步明确了技能人才谁来培养、怎么培养，提出县级以上政府应当构建以行业企业为主体、职业学校（含技工院校）为基础、政府推动与社会支持相结合的技能人才培养体系。压实政府及有关部门职责，强化财政等方面的政策保障，规定县级以上政府应当统筹资金按照规定支持技能人才发展工作，将发展职业教育（含技工教育）、产教融合纳入国民经济和社会发展规划，对产教融合型企业给予金融、财政、土地等支持及税费优惠。同时，明确在行业、产业技能人才培养中起导向性作用的企业，可以协同产业链上下游相关企业、学校建立产教评技能生态链，建立招生、培养、评价、就业一体的技能人才供应机制。

二、健全评价制度，推行证书效力跨区域互认

人才评价是人才发展体制机制的重要组成部分，是人才资源开发管理和使用的前提。《条例》明确了职业资格评价、职业技能等级认定和专项职业能力考核 3 个主要类别和职业技能等级序列，填补了技能人才评价制度建设的立法空白。为便利技能人才合理流动，《条例》还规定职业资格证书、职业技能等级证书纳入技能人才评价证书全国联网查询系统管理，实现证书效力跨区域互认。同时明确对持有国外职业资格证书人员，比照相关标准或评价规范认定其职业技能水平，推动技能人员职业标准国际互通、证书国际互认，加强与香港、澳门相关机构在技能人才培养和评价方面的合作，逐步拓展合作职业（工种）范围。

三、拓宽成长通道，建立双向比照认定制度推动人才贯通发展

为破除制约技能人才发展的体制机制障碍，进一步打通技能人才和专业技术人才职业发展壁垒，《条例》提出省人民政府及其有关部门应当建立职业资格、职业技能等级与相应职称、学历的双向比照认定制度；应当完善相关政策，推动职业学校毕业生在落户、职称评审、职级晋升、工资待遇等方面与普通高校毕业生享受同等待遇。《条例》还将国家改革实践中形成的“新八级工”职业技能等级（岗位）序列及时固化为制度规范，鼓励用人单位按照学徒工、初级工、中级工、高级工、技师、高级技师、特级技师、首席技师等职业技能等级（岗位）序列实施人力资源管理，支持有条件的企业设立特级技师和首席技师岗位。

第五章 维护产业工人劳动经济权益

劳动经济权益是产业工人的基本权利，关系产业工人的切身利益。坚持以人民为中心的发展思想，必须切实维护好产业工人的劳动经济权益。党的十八大以来，党中央进一步加大保障和改善民生力度，产业工人劳动经济权益保障和发展的基础、条件更加完备。2025年《政府工作报告》提出，推动更多资金资源“投资于人”、服务于民生。《意见》把维护产业工人劳动经济权益独立成篇，提出了一系列重大举措，把提高产业工人经济收入放在首位，突出加强产业工人服务保障，有效维护产业工人安全健康权益，特别强调做好新就业形态劳动者维权服务工作等，充分体现了以人民为中心的发展思想。要把维护产业工人劳动经济权益作为工作重点，推动工资收入、社会保障、生活品质不断提高，让产业工人更加充分地享受到经济社会发展成果。

第一节 提高产业工人经济收入

《意见》提出：“坚持多劳者多得、技高者多得、创新者多得，进一步完善收入分配制度，提高劳动报酬在初次分配中的比重。完善产业工人工资决定、合理增长、支付保障机制，健全按要素分配政策制度。多措并举推动企业建立健全基于岗位价值、能力素质、创新创造、业绩贡献的技能人才薪酬分配制度，以提高技能人才薪酬待遇为重点开展工资集体协商，探索对大国工匠、高技能人才实行年薪制、协议工资制和股权激励等。指导有条件的地区发布分职业（工种、岗位）、分技能等级的工资价位信息。”

产业工人是创造社会财富的中坚力量，推动全体人民共同富裕取得更为明显的实质性进展，首先要体现在亿万劳动者身上。提高经济收入水平、健全工资合理增长机制是当前产业工人最关心最直接最现实的利益诉求，也是产业工人队伍建设改革的重点和难点。要履行好企业主体责任、政府监管服务责任和工会组织维权保障职责，进一步完善收入分配制度，健全技能导向激励机制，充分体现技能价值、劳动价值、创造价值，有效提高产业工人经济收入水平，激励更多产业工人走技能成才、技能报国之路。

一、坚持多劳者多得、技高者多得、创新者多得

近年来，从中央到地方都积极出台政策支持技能人才提技提薪，国家陆续印发《关于提高技术工人待遇的意见》《技能人才薪酬分配指引》等。2021—2023 年，取得高级技能及以上、中级技能、初级技能鉴定证书的技能人才，年平均薪酬分别累计增长 6.2%、9.6%、7.7%。值得注意的是，以技能为导向的薪酬分配制度尚未完全建立，技能要素由市场评价贡献、按贡献决定报酬的机制还需不断完善，技能人才薪酬总体水平也有待进一步提高。

一是健全薪酬激励机制。推动落实《关于提高技术工人待遇的意见》《技能人才薪酬分配指引》等政策，推动企业建立健全基于岗位价值、能力素质、创新创造、业绩贡献的技能人才薪酬分配制度。引导企业建立健全与“新八级工”制度相匹配的工资体系、“名师带

徒”津补贴制度，工资分配向关键岗位、生产一线和紧缺急需的技能人才倾斜，促进产业工人工资合理增长。完善创新成果转化收益分配机制，制定产业工人技术发明创新、技能竞赛获奖等激励办法。推动国有企业发挥示范带头作用，工资总额分配向高技能人才倾斜，高技能人才人均工资增幅应不低于本单位管理人员人均工资增幅，助力产业工人实现体面劳动、全面发展。

二是加强工资集体协商。按照共建共享、平等协商、公平合理原则，积极推进工资集体协商，保障和提高产业工人在工资等权益协商中的话语权，维护合法权益。以“能级工资”为重点，指导企业与劳动者通过协商合理确定工资水平，推动各地以技能人才相对集中的行业及本地主导行业为切入点，大力开展区域性行业性集体协商，确定行业或区域内技能人才最低工资、工资增幅等，构建全体员工利益共同体。

三是着力提高大国工匠、高技能人才的经济待遇。大国工匠、高技能人才是产业工人的优秀代表，是实现企业高质量发展的骨干力量。鼓励企业探索对大国工匠、高技能人才实行年薪制、协议工资制和股权激励，为高技能领军人才制定年资（年功）工资制度，科学评价技能水平和业绩贡献，合理确定年资起加点和工资级差。鼓励各类企业设立特聘岗位津贴、带徒津贴等，参照高级管理人员标准落实经济待遇。对于参与国家科技计划项目和在生产过程中解决重大工艺技术难题和重大质量问题、技术创新成果获得省部级以上奖项、“师带徒”业绩突出的高技能领军人才，鼓励所在单位根据实际贡献给予绩效奖励。

专栏十八

《关于提高技术工人待遇的意见》：2018年3月，中共中央办公厅、国务院办公厅印发了《关于提高技术工人待遇的意见》，明确提出完善符合技术工人特点的企业工资分配制度，探索建立工资正常增长机制和长效激励机制，让技术工人收入充分体现其劳动价值和技术贡献，推动形成“技高者多得、多劳者多得”的收入分配导向，为高技能领军人才待遇水平的提高奠定了制度基础。这一意见从政策层面明确了提高产业工人待遇的重要性和可操作路径。

二、完善产业工人工资决定、合理增长、支付保障机制

《中共中央关于制定国民经济和社会发展第十四个五年规划和二〇三五年远景目标的建议》提出，“坚持按劳分配为主体、多种分配方式并存，提高劳动报酬在初次分配中的比重，完善工资制度，健全工资合理增长机制”。完善产业工人工资决定、合理增长、支付保障机制，是促进社会公平正义，实现产业工人对美好生活向往和共同富裕目标的重要保障。

一是推动工资分配向一线产业工人倾斜。坚持多劳者多得、技高者多得、创新者多得，构建初次分配、再分配、第三次分配协调配套的基础性制度安排，使收入分配更多地向劳动和技术要素倾斜，实现劳动报酬和企业经济效益同步增长。深化工资决定机制改革，完善企业内部一线产业工人工资合理增长机制。

二是强化工资收入支付保障制度。要根据经济社会发展水平，兼顾各方利益，完善最低工资保障制度，进一步健全并落实最低工

资评估机制，积极稳妥提高最低工资标准，加大对低工资群体的托底保障力度。认真贯彻落实相关法律法规，着力整治违法超时加班、不支付加班工资等问题，保护产业工人合法劳动收入。严格落实《保障农民工工资支付条例》及相关配套政策规定，加大欠薪问题整治力度，进一步理顺和规范监察执法程序，强化行政执法措施，加大行政处罚力度。

三是强化工资价位信息服务。加强政府对企业工资分配的信息服务和引导功能，支持各地结合实际围绕重点产业、重点行业和紧缺急需岗位，发布人力资源市场岗位需求、行业人工成本信息，以及分职业、分岗位等级、分技能等级的工资价位信息，形成透明化、标准化的收入参考基准，指导企业合理确定和提高产业工人工资水平。

第二节　加强产业工人服务保障

《意见》提出："建立以社会保障卡为载体的产业工人电子档案，实现培训信息与就业、社会保障信息联通共享、服务事项一网通办。督促企业与产业工人签订书面劳动合同。严格规范劳务派遣用工，保障劳动者合法权益。坚持和发展新时代'枫桥经验'，完善劳动争议多元处理机制，妥善化解劳动领域矛盾纠纷。强化劳动保障监察执法，加强与劳动人事争议调解仲裁联动，依法纠治劳动领域违法侵权行为。"要用心用情做好产业工人服务保障工作，切实维护他们的合法权益，把党和政府的关怀温暖送到广大产业工人的心坎上。

一、提高产业工人服务保障数字化、智能化水平

充分利用人工智能、大数据等智能化手段，整合培训、就业、社保等信息，实现数据联通共享，便于产业工人在不同场景下的信息使用和验证，同时也为政府部门、工会组织、各级企业提供更加全面、及时的数据支持，有效提升服务保障工作的便利性与精准性。

一是加快推进职业技能培训实名制管理。建立以社会保障卡为载体的劳动者终身职业技能培训电子档案，开展劳动者终身职业技能培训电子档案试点，归集记录个人参加培训获取证书等信息。推进职业技能培训信息化建设，加快各地培训信息全国汇集，提高实名制管理能力。建立职业技能评价服务监管平台，实现职业技能评价全过程信息记录和监管预警。

二是积极推动建立全国统一的产业工人教育数字资源服务平台。推动各级政府、社会保障部门、技能人才培训机构等的数据互联互认，有效整合培训记录、就业情况、社会保障等信息，实现产业工人的信息共享。强化数据动态分析应用，通过数据画像、自动匹配等方式，为产业工人提供更加精准的智慧化服务，全面提升公共服务精细化程度。

三是持续推进“一网通办”服务。全面实行服务事项向移动客户端、自助终端、服务热线延伸，线上线下事项统一、服务联动、多端协同。推动“一网通办”服务事项下沉至地方服务渠道。推动更多事项“跨省通办”，强化就业失业登记、社保关系转移接续、流动人员人事档案转递、劳动维权、社会保障卡服务等高频事项协同办理，扩大异地经营企业和流动人员的“跨省通办”事项范围，实现相关待遇享受资格的异地共认或跨地区核验。

二、规范企业用工管理

当前，部分企业仍存在规避书面劳动合同签订、滥用劳务派遣工等现象，导致产业工人合法权益受损。书面劳动合同的全面覆盖和劳务派遣用工的严格管理，将有效遏制劳动关系短期化、空心化倾向，实现劳动者权益保障与企业竞争力提升的双赢格局。

一是督促企业严格依法签订书面劳动合同。订立书面劳动合同便于确认劳动关系、明确责任，有利于劳动争议的解决和劳动行政部门的监督检查。要督促企业严格落实《劳动合同法》的规定，依法签订书面劳动合同。人社部门应加强普法宣传教育，依法对企业开展签订书面劳动合同专项“法治体检”，建立重点行业定向抽查机制，将违规企业列入黑名单，依法予以处罚。

二是严格规范劳务派遣用工。明确“临时性、辅助性、替代性”岗位认定标准，劳动监察部门要督促用工单位对派遣岗位清单进行报送备案，避免“假外包、真派遣”。人社部门要会同公安、市场监管等职能部门定期开展清理整顿人力资源市场专项行动，集中整治未经许可擅自经营劳务派遣、非三性岗位用工、长期超比例用工、同工不同酬等突出问题，综合运用行政指导、行政约谈、责令限期改正和行政处理、处罚等监管手段，从严从实予以纠治和惩戒。强化劳务派遣常态化监管措施，利用社保大数据监测企业用工结构，落实“双随机、一公开”监管，推动实施信用监管，支持地方对劳务派遣机构按诚信等级实施分级监管，对不报告、不如实报告年度经营情况以及发现存在重大经营风险的劳务派遣机构向社会曝光。

三是强化劳动保障监察执法。政府相关部门要动态公布省市县三级劳动保障监察机构维权渠道，优化运行网上线索反映平台，压紧压实首问负责制，不断加大劳动保障监察执法力度，及时预防和纠正侵害劳动者权益行为，严查快处欠薪欠保、超时加班等违法行为，依法依规予以行政处理（处罚）。进一步完善行政执法与刑事司法衔接机制，强化与公安机关、检察院、法院的协调配合，提高涉罪案件移送效率，加大对恶意欠薪等违法犯罪行为的刑事打击力度。

三、坚持和发展新时代“枫桥经验”

习近平总书记高度重视坚持和发展新时代“枫桥经验”，强调新时代“枫桥经验”要全国推广、城乡推广，为在劳动领域坚持和发展新时代“枫桥经验”指明了方向、提供了遵循。全面推行新时代“枫桥经验”，重点是聚焦劳动领域矛盾纠纷源头预防、前端化解、关口把控，推动建立完善多方参与、优势互补、齐抓共管、协调联动的劳动争议多元化解机制，构建形成劳动领域矛盾纠纷预防调处化解体系，着力提升劳动争议多元化解、维护合法权益工作质效。

一是全面构建劳动争议“商、调、裁、诉、援、执”协同运转机制。依托工会职工服务中心、工人文化宫和综治中心、矛调中心、社会治理中心等机构，广泛建设“一体化”“一站式”劳动争议多元化解阵地，协调法院、检察院、人社、司法行政等部门职能、资源和力量，集中开展劳动争议咨询、协商、调解、仲裁、审判、援助等工作，促进争议案件“商、调、裁、诉、援、执＋心理关爱”全链贯通，努力实现产业工人解决纠纷“最多跑一次”“一件事一次办”“一件事一窗办”。同时，大力推进劳动争议多元化解信息化建设，促进依法维权服务线上线下资源力量贯通衔接，建立完善大数据分析运用机制，科学研判劳动关系发展趋势，最大限度防范和化解重大矛盾风险隐患，更好维护企业和社会大局稳定。相关部门要加强工作联动，解决涉外劳务纠纷，维护外派产业工人合法权益。

二是积极开展产业工人法律援助等法律服务工作。持续加强工会、法院、检察院、司法行政、人社等有关部门的协作配合，积极推进产业工人法律援助服务制度建设、组织建设、阵地建设、队伍建设，充分发挥政府部门、工会组织、社会力量等各方职能作用，持续推动健全产业工人法律服务工作体系。突出维护好困难职工、农民工、新就业形态劳动者等重点群体合法权益，针对产业工人急难愁盼问题和权益保障薄弱的重点职工群体，以法律咨询、文书代拟、争议协商调解、仲裁诉讼代理等多种形式提供法律服务，依法妥善解决好产业工人合理合法利益诉求。

专栏十九

新时代“枫桥经验”：20世纪60年代初，浙江省绍兴市诸暨县枫桥镇干部群众创造了“发动和依靠群众，坚持矛盾不上交，就地解决。实现捕人少，治安好”的“枫桥经验”。“枫桥经验”可以用四句话十六字概括：依靠群众，预防纠纷，化解矛盾，维护稳定。

2023年9月20日，习近平总书记在浙江考察时，专程来到“枫桥经验”发源地诸暨市枫桥镇，参观枫桥经验陈列馆，了解新时代“枫桥经验”的生动实践，指出：“要坚持好、发展好新时代‘枫桥经验’，坚持党的群众路线，正确处理人民内部矛盾，紧紧依靠人民群众，把问题解决在基层、化解在萌芽状态。”

第三节　有效维护产业工人安全健康权益

《意见》提出："压实企业安全生产责任，实施高危行业领域从业人员安全技能提升专项行动，发挥职工代表大会对企业安全生产工作的监督作用。加强对高危行业建设项目的劳动安全保护。加强职业病防治。督促企业依法落实工时和休息休假制度，健全并落实产业工人疗养休养制度，促进产业工人身心健康。"

当前，随着产业结构调整和新业态发展，安全生产风险复杂化、职业健康威胁隐形化、超时工作常态化等问题交织，需进一步强化跨部门协同，压紧压实企业安全生产主体责任，加大科技赋能和源头治理力度，多措并举维护产业工人安全健康权益，助力实现体面劳动、舒心工作、全面发展。

一、压实企业安全生产责任

抓好安全生产，切实保障产业工人生命健康权益，企业责无旁贷。要树牢安全发展理念，坚持人民至上、生命至上，坚持安全第一、预防为主、综合治理的方针，从源头上防范和化解重大安全风险。

一是建立健全全员安全生产责任制和安全生产规章制度。明确企业主要负责人为第一责任人，推行"企业主体责任清单"，细化从设备采购、流程设计到应急预案的全流程责任。加大对安全生产资金、物资、技术、人员的投入保障力度，改善安全生产条件，加强安全生产标准化、信息化建设，健全风险防范化解机制，构建安全风险分级管控和隐患排查治理双重预防机制，推动生产经营单位建立完善事故隐患内部报告奖励机制，确保安全生产责任压实到岗、落实到人。充分发挥产业工人在安全生产中的积极作用，广泛深入开展“安康杯”竞赛活动，提高安全生产水平。

二是强化产业工人安全技能培训和岗位风险管控。企业应重点开展安全技能提升专项行动，加强对危险岗位和特种作业岗位的产业工人培训，确保每位产业工人具备必要的安全知识和操作技能。通过安全文化宣传、岗位风险告知、实地演练等方式，使产业工人熟知岗位的危险因素和应急措施。要通过产业工人访谈和现场抽查，确保产业工人对岗位风险有清晰的认知，切实履行知情权和参与权。同时，企业需建立健全劳动防护措施，提供必要的防护用品，落实建设项目“三同时”原则，坚决杜绝违规指挥和强令冒险作业，全面保障产业工人安全。

三是落实职工代表大会民主监督机制。将安全生产和职业健康保障纳入企业民主管理体系，严格履行职工代表大会民主程序，由企业负责人专题报告安全生产和职业健康工作，职工代表审议并提出建议，同时将职工代表大会与日常安全监管相结合，提升审议工作的针对性和实效性，确保安全生产与企业发展目标同向推进。要强化职工代表巡查，定期检查劳动保护、隐患治理和安全设施维护情况，利用信息化平台及时向职工公示企业安全卫生标准、隐患整改结果等信息，增强透明度和责任意识。

四是加强工会监督与隐患排查治理。工会组织应充分发挥劳动保护监督检查员、基层工会劳动保护监督委员会等作用，特别是在矿山、危化、交通等高危行业领域，聚焦劳动安全保护工作，工会可组织专项巡查、邀请专家参与隐患排查，广泛开展隐患排查“随手拍”活动，对发现的问题隐患及时发出整改通知，推动落实“岗位风险职工掌握”的要求。通过建立岗位风险清单、加强隐患通报制度、完善产业工人知情权等举措，切实从源头上消除风险，形成“发现问题—解决问题—防范复发”的闭环机制。

二、加强职业病防治

习近平总书记在全国卫生与健康大会上强调，要把人民健康放在优先发展的战略地位，并多次就职业病防治工作和维护劳动者权益作出重要指示。党的十八大以来，党中央把人民身体健康作为全面建成小康社会的重要指标，健康中国已上升为国家战略，职业健康是健康中国不可或缺的重要组成部分。加强职业病防治，既是践行以人民为中心的发展思想的具体体现，也是推动高质量发展、构建和谐劳动关系的必然要求，必须坚持预防为主、防治结合的方针，从源头治理、群众监督、宣传教育等方面综合施策，切实维护劳动者职业健康权益，为推进健康中国建设奠定坚实基础。

一是强化顶层设计。积极推动《职业病防治法》修订工作，对《职业病分类和目录》进行完善，推动健全职业病防治法律制度体系。发挥人大代表、政协委员以及工会、共青团、妇联等群团组织作用，提出提案建议，反映产业工人职业健康利益诉求。各地要建立健全职业病防治法律法规、政策文件，从源头上维护产业工人的职业健康权益。推动企业积极使用职业安全卫生防护“工具包”，持续改善职业场所作业环境。

二是强化监督执法。聚焦职业病防治重点行业、重点领域、重点环节，推动实施健康中国战略，持续推进健康中国行动，贯彻执行《国家职业病防治规划（2021—2025 年）》《关于推进健康企业建设的通知》等文件，加强对职业病危害重点行业领域的监管执法，督促企业落实职业病防治主体责任。企业要对尘肺病、职业性耳聋等高风险疾病建立专项筛查档案，实施“岗前—在岗—离岗”全过程体检。要通过职工代表大会和集体协商等，组织产业工人积极参与企业职业病防治民主管理和民主监督。要密切关注因职业病问题引发的群体性事件，做好对伤亡和患病产业工人的权益维护、医疗救助和生活帮扶等工作。在职业病高发地区建设区域性职业病防治院，提供诊断、治疗、康复一站式服务，探索“工伤保险 + 商业保险”双重支付模式，减轻患病产业工人负担。

三是强化宣传教育。各级卫生健康委、工会要广泛开展争做“职业健康达人”活动，鼓励用人单位做好员工职业健康管理、评选“职业健康达人”，倡导劳动者健康工作方式，树立健康形象，争做“职业健康达人”。深入开展《职业病防治法》宣传周、职业健康传播作品征集、职业健康达人 Show 短视频征集等活动，利用“职工之家”APP 对职业健康达人 Show 短视频获奖作品进行展播，普及职业健康法律法规和相关知识，提高产业工人职业健康意识和自我保护能力，营造全社会关心关注支持职业病防治、人人争做“职业健康达人”的良好氛围。

三、落实工时和休息休假制度

休息休假权是劳动者的基本权利，是保障产业工人身心健康、体面劳动的重要途径。《劳动法》《劳动合同法》和《国务院关于职工工作时间的规定》等均明确了劳动者享有休息休假权利。近年来，一些全国政协委员先后提出保障离线休息权、周均工时不超过 44 小时等提案。相关单位、群团组织等要督促企业依法落实工时与休息休假制度，破解“过劳困局”，保障产业工人合法权益。

一是加强规范指导。落实国家关于职工工作时间、法定节假日、带薪年休假等规定，规范企业实行特殊工时制度的审批管理，督促企业依法安排产业工人休息休假。不断完善保障产业工人离线休息权的制度机制，提高企业隐形加班违法成本。企业因生产经营需要安排产业工人延长工作时间，应与工会和产业工人协商，并依法足额支付加班工资。依法纠正不符合工时规定的内部规章制度，指导企业制定实施科学合理的劳动定额定员标准，保障产业工人的休息权利。

二是强化监督检查。聚焦重点地区、重点行业、重点企业，强化对企业落实工时和休息休假制度的监督检查，及时发现和有效化解有关矛盾纠纷。将日常巡视检查与开展专项执法检查相结合，畅通线上线下举报投诉渠道，及时受理违法线索，依法立案查处。支持产业工人通过当地劳动保障监察机构窗口现场举报投诉，或通过12351等线上渠道进行投诉。对违法超时加班、不支付加班工资等问题，责令用人单位限期整改，依法依规予以行政处理或处罚。对因休息休假发生人事争议或劳动争议的，加大争议化解调处力度，及时有效维护劳动者休息休假权益。切实发挥劳动关系三方协调机制作用，将落实工时制度作为创建和谐劳动关系的重要内容，切实维护劳动者合法权益。

三是健全并落实疗养休养制度。建立健全优秀技术工人、一线产业工人疗休养制度，加强组织领导，规范工作流程，明确对象范围、资金来源、时间地点等安排，面向基层一线，注重向大国工匠、高技能人才、技能大赛优胜选手、班组长，以及长期在苦、脏、累、险和有毒有害特殊作业岗位的产业工人倾斜。各单位、疗休养中心要各负其责，严格条件标准，加强安全保障，提高工作水平，为产业工人提供安全、优质的疗休养服务。

第四节　做好新就业形态劳动者维权服务工作

《意见》提出："研究推动新就业形态领域立法。全面推行工会劳动法律监督'一函两书'，加强对平台企业和平台用工合作企业的监管。积极做好新就业形态劳动者建会入会和维权服务工作，畅通诉求表达渠道，解决急难愁盼问题。健全灵活就业人员、农民工、新就业形态劳动者社保制度，扩大新就业形态劳动者职业伤害保障试点。推动平台企业建立与工会、劳动者代表常态化沟通协商机制。"

新就业形态劳动者是社会主义劳动者的重要组成部分，是经济社会发展不可或缺的重要力量。近年来，数字经济、平台经济等快速发展，对劳动力市场产生了复杂深刻的影响。根据2023年第九次全国职工队伍状况调查，中国新就业形态劳动者达8400万，占职工总数的21%。要加大维权服务工作力度，切实维护好他们在劳动报酬、休息休假、劳动安全、社会保险、职业伤害保障等方面的合法权益。

一、研究推动新就业形态领域立法

党的二十大报告明确提出，完善促进创业带动就业的保障制度，支持和规范发展新就业形态。人力资源社会保障部印发的《新就业形态劳动者休息和劳动报酬权益保障指引》《新就业形态劳动者劳动规则公示指引》《新就业形态劳动者权益维护服务指南》，对新就业形态劳动者的权益保障进行了具体部署。新修订的《工会法》，为深化新就业形态劳动者建会入会和维权服务提供了明确的法律遵循；人力资源社会保障部等 8 部委制定《关于维护新就业形态劳动者劳动保障权益的指导意见》，首次明确了平台企业的相关责任和推进工作的具体路径，要求尽快补齐就业歧视、最低工资、休息制度、劳动安全、社会保障等制度短板，建立企业与劳动者的协商机制，切实保障新就业形态劳动者权益。2024 年全国总工会出台《平台企业工会工作指引》等建会入会、权益保障系列文件，从平台企业工会组织建设、平台企业工会主要任务、上级工会职责等方面作出规定，进一步加强平台企业工会制度建设，推动实现平台企业工会组织机构健全、联系覆盖广泛、作用发挥明显。

新就业形态劳动者合法权益维护工作稳步推进，但在立法层面尚未全面系统对其作出有针对性的规制，特别在劳动关系认定、社会保障、劳动基准等方面的法律制度科学性、权威性不足，立法进程总体滞后，迫切需要推动解决新就业形态劳动者权益保障法律短板问题，进一步从源头上维护新就业形态劳动者合法权益。一方面，要深入开展调研，充分掌握现实用工情况及潜在发展动向，抓紧开展理论研究，为推动完善新就业形态领域立法做好充分准备；另一方面，相关部门要努力推动相关立法进程，出台相关规定，为规范新业态领域劳动用工提供法律制度保障。

二、全面推行工会劳动法律监督“一函两书”

运用“一函两书”保障劳动者权益，是落实习近平总书记重要指示的一项具体行动，是工会履行维权服务基本职责的一项重要任务，是坚持和发展新时代“枫桥经验”、推动劳动法律法规落实落地的有力抓手。“一函两书”作为一项源头治理、预防在前的劳动法律监督措施，对于保障劳动者合法权益，帮助企业规范经营、预防化解劳动用工风险，推动构建和谐劳动关系、维护社会大局和谐稳定具有十分重要的作用。

2024 年 2 月，全国总工会办公厅印发《全面推行工会劳动法律监督“一函两书”工作方案》，修改《工会劳动法律监督办法》，完善有关“一函两书”制度规范、“上代下”劳动法律监督模式等内容，将建会入会、企业民主管理及依法制定内部劳动规章制度、决定重大事项等纳入工会劳动法律监督范围，同时增加工会对平台企业和平台用工合作企业、劳务派遣用工的劳动法律监督职责。最高检与全国总工会联合印发《关于协同推进运用“一函两书”制度保障劳动者权益工作的通知》，进一步强化检察机关和工会协同保护劳动者合法权益。2024 年 3 月，全国总工会与最高法联合印发《关于协同推进“一函两书”工作的通知》，充分发挥工会与人民法院各自优势，增强“一函两书”落地效能，推动劳动纠纷诉源治理。

全面推行工会劳动法律监督“一函两书”，要聚焦促进平等就业、推动治理欠薪等重点问题，督促用人单位执行《工会法》《公司法》等法律有关企事业单位民主管理的规定，推动完善收入分配制度，让产业工人对于经济增长有更多感受和收获。要以新就业形态劳动者权益保障为重点，着力推动提升货车司机、外卖送餐员、快递员等群体就业质量，完善职业伤害保障，增强收入稳定性，提振他们对未来的信心。

专栏二十

“一函两书”：“一函两书”是工会及相关单位为提醒用人单位落实

好劳动法律法规，或纠正其违法劳动用工行为而适用相关文书的简称。“一函”即《工会劳动法律监督提示函》，“两书”即《工会劳动法律监督意见书》和《工会劳动法律监督建议书》。

三、积极做好新就业形态劳动者建会入会和维权服务工作

新就业形态劳动者是美好生活的创造者守护者，也是美好生活的追求者共享者。要建立健全新就业形态劳动者合法权益保障长效机制，不断提高他们的获得感、幸福感、安全感。

一是积极做好新就业形态劳动者建会入会。新就业形态劳动者建会入会是工会扩大覆盖面，切实把新就业形态劳动者组织起来、维护合法权益的重要途径。要聚焦货车司机、网约车司机、快递员、网约配送员等重点群体，推动平台企业及其用工合作企业依法建会。要加强行业工会建设，通过新业态工会联合会直接发展会员，扩大对新就业形态劳动者的有效覆盖，加强乡镇（街道）工会以及社区（村）工会建设，进一步覆盖流动分散的劳动者群体。同时，推广“职工之家”APP 等线上入会渠道，提供“扫码入会”和“云上服务”，实现即时入会、即享服务。

二是完善劳动纠纷预防化解机制。指导推动平台企业搭建线上线下沟通平台，完善维权渠道和申诉功能，保障新就业形态劳动者对算法规则等的知情权、参与权、选择权。推动建立企业劳动争议调解委员会和工会劳动法律监督委员会，依法妥善处理涉及新就业形态矛盾纠纷问题和举报投诉信息。全面推行新时代“枫桥经验”工会实践，深化“人社 + 工会”“法院 + 工会”的裁调对接机制，在工会职工服务中心、工会驿站等场所建设“一体化、一站式”劳动

争议化解平台。充分运用“工会服务职工法务云”和12351热线，吸纳法律服务、心理服务等社会资源，实现线上线下相结合、预防与化解并重，为劳动者提供高效、便捷的纠纷解决途径。

三是加强法律援助。进一步整合资源，广泛设立法律援助窗口，组织专业力量为劳动者提供法律咨询、争议协商调解、仲裁诉讼代理等服务，并对符合条件的诉求实行优先受理、优先办理。在劳动纠纷集中的区域设置流动法律援助站点，在劳动人事争议仲裁院、人民法院设立职工法律服务站点，为劳动者提供便捷的援助服务。同时，建立异地协作机制，确保劳动者跨区域诉求的顺畅对接和高效处理，进一步扩大法律援助覆盖面。

四是加大关爱服务力度。针对快递员、网约配送员进门难、停车难、充电难等问题，推进商圈、社区、楼宇等“友好场景”建设。针对货车司机群体年龄偏大、跨地区长途奔波等困难，工会、人社、交通运输、公安等部门要协同建设“司机之家”“共享驿站”等，提供便利的停车休息、“跨省通办”等服务。针对网约车司机以及户外劳动者吃饭难、休息难、如厕难等问题，要深入推进工会驿站“新双15工程”、“爱新餐”专项工作等。要推进新就业形态人员职业伤害保障试点，持续完善政策标准，切实维护新就业形态人员职业伤害保障权益。要有针对性地加强社会心理服务体系建设，营造关心尊重新就业群体的浓厚社会氛围。

专栏二十一

新就业形态劳动者：2024年11月6日，全国总工会、人力资源社会保障部、中国企业联合会/中国企业家协会、全国工商业联合会联合印发的《新就业形态劳动者权益协商指引》明确：本指引所称新就业形态劳动者，主要指线上接受互联网平台发布的配送、出行、运输、家政服务等工作任务，按照平台要求提供平台网约服务，通过劳动获取劳动报酬的劳动者。

专栏二十二

“蹲点＋联系点”工作机制：聚焦新就业形态劳动者建会入会和维权服务，全国总工会机关继2023年首次派出4个头部平台企业蹲点组后，2024年派出了12个蹲点组分赴12家头部平台企业蹲点，实现了头部平台企业全覆盖。全国总工会党组把蹲点工作作为一件大事来抓，带队前往联系的头部平台企业调研，精心组织、周密安排，把走访作为深入基层一线了解职工群众需求的过程，帮助解决一些实际问题，推动蹲点工作走深走实，为新就业形态劳动者办成一批实打实的好事。

典型案例十

探索“三链三化”改革 推动以技提薪助共富

浙江省台州市把“以技提薪”作为推进产业工人队伍建设改革的重要切入点，统筹建设产业工人成长链、分配链，完善技能要素参与分配机制，推动全市产业工人年度薪酬同比提升9%。2024年共开展技能培训14.03万人次，新增技能人才8.42万人。

一、系统化谋划建设共富路

实施技能培育、技能就业、技能竞赛、技能创富、技能协商等五大技能提升行动。精心选取100家试点企业，探索形成技能等级提升、技术入股分红、技术贡献奖励、技能竞赛奖励、股权投资激励、职务岗位晋升等六大“以技提薪”标准化操作法，在流程方式、监管服务、文书范本等方面对企业进行指导服务，不断扩大“以技提薪”企业覆盖面，提高技术工人技能提升积极性。全国首创《技能创富型企业激励办法》，制定技能创富型企业评价标准，把提高技术工人比例和薪资待遇与企业用地、能耗、税收等挂钩，评选出123家技能创富型企业，20家获得技改补助8122万元。

二、标准化落实畅通成长链

浙江省十四届人大常委会批准《台州市提高技术工人待遇扩大中等收入群体若干规定》，为广大技术工人提高待遇提供法治保障。印发《职技融通改革实施方案》，构建产教训融合、政企社协同、育选用贯通的职工技能培训体系，每年培养1万名学历技能“双证”人才。依托全市41家技工院校、18家市县两级工匠学院、200家重点企业，构建“企业、行业、产业、专业、就业、职业”联动培育机制，分级分类培训一线职工、班组长、劳模工匠5.1万余人次。出台《台州市技术工人职业发展通道设置指引》，技术工人最高可任首席技师，薪酬与企业副总持平，部分企业技术工人薪酬整体高于管理人员。

三、规范化协商优化分配链

出台《行业性能级工资集体协商操作规范》地方标准，围绕技酬挂钩、薪酬激励、职业发展三大协商内容，深化推广民主恳谈、集体协商、职代会审议、职代会报告、人社备案五步操作法，建立以职工知晓率、参与率、满意率为导向的协商质效评估体系，实现以规范推动协商，以协商优化分配，助力建设“技高者多得”分配体系。以集体协商要约行动为抓手，全市域推动工人薪资与职称、技术、学历、创新、荣誉、竞赛等六项挂钩，截至2024年，已在全市3754家企业、52万名一线产业工人中开展能级工资集体协商。出台《台州市上市公司技术工人股权激励改革方案》，75家上市公司普遍实施了股权激励。

典型案例十一

打造“三座枫桥” 着力维护产业工人合法权益

福建省龙岩市坚持和发展新时代“枫桥经验”，持续深化劳动纠纷多元化解，在园区、驿站、网上打造维权服务“三座枫桥”，有力维护产业工人合法权益。

一、全覆盖建设“园区枫桥”

在全市11家省级以上工业园区全部建成“园区枫桥”职工法律服务一体化基地，集中设置“两室两庭”（职工法援室、调解工作室，劳动仲裁庭、劳动法庭），实施繁简分流“二步分解法”和劳动纠纷“三级响应”处理机制，引进专业人员入驻基地服务，实现劳动纠纷“预、调、裁、审、援、执”一体联动、一站办理。暂不具备条件的园区，建设机制型“园区枫桥”，联动人社、司法、法院等部门，提供便捷服务。截至2024年，6家基地获评省级优秀（示范）

基地，率先开展试点的武平工业园区，矛盾纠纷发生率同比下降43%。基地建成以来，累计接待来电、来信、来访500余次、1600余人次，化解矛盾纠纷250余件，挽回损失3000余万元。

二、全市域打造“驿站枫桥”

依托工会驿站“10分钟工会服务圈”，在全国首创“驿站枫桥”一体化暖“新”维权服务机制。在市、县两级总工会职工服务中心（工人文化宫）设立“驿站枫桥”法律服务一体化基地，依托工会驿站、派出所、司法所等站点，建设新就业形态劳动者法律服务驿站225个，通过“驿站简易调解、基地快速调处、劳动法庭（仲裁庭）便捷审理、重大案件联动调处”四项衔接机制，构建新就业形态领域劳动纠纷全流程服务体系。组建一支由公益律师、金牌调解员、司法工作者等270人组成的法律服务团队，为每个工会驿站配置1名调解员和1名律师，提供专项补助经费，通过“购买服务＋志愿服务”的方式，实现维权援助项目化。累计受理法律咨询1600余人次，成功调解劳动纠纷950余件，受理仲裁和诉讼案件160余件，案件化解平均周期从原来的90天缩短至28天。

三、全时段架设“智慧枫桥”

通过“互联网＋”赋能法律服务，线下工会驿站全部纳入“龙岩工会e家人”智慧平台电子地图，实现职工群众10分钟找到驿站，“十分到家”享受法律服务。通过驿站枫桥宣传推广“交管12123”等平台，引导新就业形态劳动者通过平台与接警人员即时视频，实现“云端会面”远程处理轻微道路交通事故。在“龙岩工会e家人”智慧平台开设法律服务模块，开通“一键求助”服务热线，进驻线上服务律师团，24小时在线为职工群众答疑解惑。案情复杂的，由职工服务中心组织提供线下法律援助服务。

典型案例十二

推进“两站”建设 充分发挥工会组织在安全生产中的作用

山西省总工会坚持以煤矿井口群众安全工作站和安康工作服务站“两站”建设为平台，坚持建机制、建阵地，不断丰富“安康杯”竞赛内容和形式，充分发挥工会组织在促进企业安全生产中的积极作用。山西省总工会连续两年获全省安全考核优秀等次。

一、聚焦顶层设计，为推动企业安全发展护航

经过十多年的实践，从建站之初的煤矿井口接待站到星级竞赛，再发展到今天的智慧站、安康站，省委、省政府将“两站”建设纳入安全生产年度考核，以及省委常委和副省长职责任务清单，列入政府联席会议议题，人社、卫健、应急、能源等相关部门密切配合、大力支持，各级工会牵头积极推进“两站”建设活动。联合出台《关于建立和完善煤矿井口群众安全工作站的意见》《山西省煤矿智慧井口群众安全工作站建设及星级竞赛考核办法》《关于推进群众安康工作服务站建设的指导意见》等制度，持续推进，充分发挥工会劳动保护监督网络作用。省委书记唐登杰等7位省领导作了批示。

二、聚焦机制建设，为推动企业安全发展奠基

在“两站”建设中，通过实施“145举措”，进一步加大群众安全生产参与和监督力度，切实维护职工安全健康权益。截至2024年底，全省煤矿已建井口安全工作站512座，其中，五星级153个，省群众安康工作服务站127个，在工作实践中探索了许多好的经验做法。

1个总思路，做好定位和布局。采取示范引领、星级管理、逐年推进的办法，在非煤矿山、危化、电力、交通、建筑、冶金工贸以及新就业形态等行业建立工作站，努力将工作站建成职工群众安全教育的宣教站、亲情关爱的服务站、群防群治的“吹哨”站、安全信息的交互站、隐患整改的监督站。

4项主要任务，将站建扎实。建立上，工作站可单独设立，也可与职工之家等融合建设。配置上，是工会的内设机构，可配备专（兼）职站长及工作人员若干名。服务上，主要发挥职工群众安全生产和职业病防治等法规宣传、宣教培训、隐患排查整治、三违帮教转化等作用。保障上，建设、管理和运行等费用由企业列支，在资金、场地、人员、培训、技术等方面予以保障，群监网员津贴纳入工资绩效管理。

5项措施，确保站点高质量发展。工作站建设由各级工会牵头，同时接受相关监督管理部门的业务指导、检查，制定了“六有”星级竞赛标准，按省级五星、市级和省级产业工会四星、县级三星三个档次建设，分别给予8万元、4万元和2万元经费补助开展活动，还建立了奖惩措施。

三、启示

随着“两站”建设的开展，群监网员“吹哨人”队伍进一步扩大，各类生产事故明显下降，职工安全素养明显提升。强有力的组织领导是推进“两站”建设、提升质效的关键。“两站”建设是一项长期性、基础性的工作，必须依靠广大职工和群监员积极参与，才能真正抓细抓实见效。通过宣传、培训，进一步树立广大职工的安全生产意识，调动了全体职工参与建设的自觉性，从而营造出“人人关心安全、人人重视安全”的浓厚氛围。以加强安全生产责任制的层层落实，明确安全生产工作方面的职责，树牢贴近职工需求、服务企业发展，共建共享的理念，统筹谋划、精心组织，构建完善建站机制，加强与有关监督管理部门的沟通协调，全力推动工作站更好发挥作用，依托工会“小站点”，构建安全“大格局”。

第六章　搭建产业工人建功立业平台

我国工人阶级一直以来具有走在前列、勇挑重担的光荣传统。党的二十大确立了以中国式现代化全面推进强国建设、民族复兴伟业的中心任务。实现这一中心任务，根本上要依靠工人阶级和广大劳动群众的不懈奋斗。《意见》围绕发挥产业工人主力军作用，提出搭建产业工人建功立业平台，将一些被实践证明行之有效的做法上升为政策进一步固定下来。面对新形势新任务，必须紧扣党的中心任务，组织动员广大产业工人立足岗位、争创一流，顽强拼搏、开拓创新，在推进中国式现代化中展现更大力量。

第一节　深入开展劳动和技能竞赛

《意见》提出："围绕重大战略、重大工程、重大项目、重点产业，广泛开展各层级多形式的竞赛活动。持续办好各级各类职业技能赛事活动。支持企业开展形式多样的劳动竞赛、技能比武，不断激发产业工人投身推动高质量发展的积极性主动性创造性。"

广泛深入持久开展劳动和技能竞赛，是团结和动员广大产业工人围绕中心、服务大局，充分发挥工人阶级主力军作用的重要载体。面对加快发展新质生产力、推进中国式现代化的战略使命，劳动和技能竞赛如何焕发新活力、展现新作为是深化产业工人队伍建设改革的重要课题。

一、劳动和技能竞赛的光辉历史和重要意义

《宪法》第四十二条规定“国家提倡社会主义劳动竞赛，奖励劳动模范和先进工作者”。劳动竞赛作为工会工作的传统优势、工作品牌，是工会围绕中心、服务大局的重要手段和载体，它的形式和内容始终与时代发展、人民命运同频共振，始终紧密围绕党的工运事业和工会工作而开展，劳动竞赛底色不变，崇尚劳动、尊重劳动的价值追求不变。

劳动竞赛始于20世纪30年代中国共产党领导的中央苏区，从工厂到农村、从机关到学校，苏区广大群众在工会的精心组织下，参与竞赛热情高涨，竞赛活动热火朝天。20世纪40年代，陕甘宁边区开展的“大生产运动”、晋绥解放区开展的学习模范工人张秋凤运动、冀鲁豫革命根据地开展的学习模范工人甄荣典运动、东北革命根据地开展的“新纪录运动”等劳动竞赛有力支援了人民革命战争，不断创造新的生产纪录。新中国成立后，职工群众成为国家的主人，围绕不同时期国家经济发展重点，工会组织动员职工开展了不同主题的竞赛活动，形式和内容逐步从体力劳动层面向技术革新、技能提升、技术创新等层面发展，劳动竞赛焕发勃勃生机。新中国成立初期，为医治战争创伤、尽快恢复国民经济，工会组织动员职工开展了以清查仓库、献纳器材、修复机器、恢复生产为主要内容的“爱国主义生产竞赛”，为新中国建设、巩固新生政权发挥了重要作用。我国实施第一个发展国民经济的五年计划后，工会在全国职工中组织开展了技术革新、社会主义竞赛、先进生产者运动，掀起了“比学赶帮超”的热潮，为克服国民经济的暂时困难作出了贡献。随

着国家进入社会主义建设时期，竞赛活动以高产、优质、安全、多品种、低消耗为主要内容，主题多为“双增双节”“挖潜增效”“为‘四化’立功竞赛”等，同时提出要精神奖励和物质奖励相结合，极大调动广大职工参赛的热情和积极性。2011 年，全国总工会出台《2011—2015 年劳动竞赛规划》，这是我国制定的第一个全国性五年劳动竞赛规划，标志着劳动竞赛的系统性和科学性有了重大发展。

进入新时代，习近平总书记对工人阶级和工会工作作出一系列重要论述，明确提出劳动竞赛在新时代要注入新内涵。2016 年全国总工会制定《2016—2020 年劳动和技能竞赛规划》，首次把技能竞赛纳入劳动竞赛范畴，后续出台《中华全国总工会劳动和技能竞赛规划（2021—2025）》，将劳动和技能竞赛作为一项服务我国经济发展大局、紧扣国家五年发展规划的经常性活动，要求各地、各级各类工会围绕国家重大战略、重大工程、重大项目、重点产业，广泛深入持久开展劳动和技能竞赛。

新形势下，要深入贯彻落实习近平总书记的重要指示精神，围绕贯彻新发展理念、构建新发展格局、推动高质量发展，进一步强化以全国引领性劳动和技能竞赛为龙头，产业行业竞赛和企业竞赛为基础、各级各类职业技能比赛为平台的多层级、广覆盖竞赛格局，建立健全以服务党和国家重大发展战略为核心、以激发产业工人劳动热情和创造潜能为途径、以促进产业工人成长成才和经济社会高质量发展为目标的竞赛体系。

二、广泛开展各层级多形式的竞赛活动

紧紧围绕推动高质量发展、促进产业工人成长成才深化竞赛活动，是劳动和技能竞赛经久不衰的生命力所在。

一是叫响做实全国引领性劳动和技能竞赛。要在聚焦战略性和引领性上求深化，紧扣国家和地区重大战略、重大工程、重大项目、重点产业，以推动振兴实体经济、重大基础设施建设、打造数字经济、绿色低碳发展、首台（套）重大技术装备研发制造以及“卡脖子”技术难题等为重点，做到高起点谋划、高标准推动、高质量落实。要在提高竞赛组织规范化水平上求深化，坚持项目化管理，健全信息反馈、项目督导、调查研究、评估考核、总结表彰等工作机制，强化闭环管理。要在拓展竞赛内容上求深化，围绕重大工程建设、产业转型升级、创新创效等开展竞赛，激发产业工人劳动热情和创造活力，提高全员劳动生产率，推动重大项目建设、关键核心技术攻关，助力打造一流产品，提供一流服务。

二是进一步强化竞赛区域联动。要围绕推进京津冀协同发展、长江经济带发展、长三角一体化发展、东北全面振兴、黄河流域生态保护和高质量发展等国家重大区域发展战略，牢固树立系统观念，紧扣高质量和一体化两个关键，强化区域竞赛联动，推动区域发展向更高水平迈进。要围绕支持革命老区、民族和边疆地区建设、推进兴边富民和乡村振兴，以促进特色产业和生态建设为牵引，推动绿色创新发展。要建立健全联动机制，着眼常态化、一体化、实效化，坚持资源共享、合作共赢，建立健全区域竞赛组织机制，签订战略合作协议，完善联席会议制度，构建区域融合、行业联合、条块结合的联动机制，加大交流合作力度，做到同频共振、同抓共促。

三是大力推动产业行业竞赛。产业行业与企业和生产实际联系紧密，熟悉发展趋势和岗位技能需求。要发挥好组织协调作用，突出引领性和协同性，围绕产业工人技能提升、重大基础设施建设、科技装备制造等开展竞赛，打造左右协同、高低配套、整体推进的竞赛体系。要积极推进产业园区、行业协会劳动和技能竞赛，以产业发展、项目合作为纽带，发挥企业集中、产业聚集、行业相近等优势，引导市、县、乡镇、工业园区以及毗邻地区加强竞赛区域联动，开展多层次、宽领域合作，提升竞赛的聚合效应。要把推动产业行业技术创新贯穿始终，紧盯推进产业基础高级化、产业链现代化开展竞赛，推动核心基础零部件、关键基础材料、先进基础工艺、产业技术基础突破，带动全产业链优化升级。

四是积极推动数字化条件下劳动和技能竞赛创新发展。主动研究和适应人工智能、大数据等现代信息技术发展对劳动和技能竞赛的要求，深入探索数字化竞赛和传统竞赛的数字化升级，不断提高竞赛的时代性和实效性。要加强对数字手段的学习和运用，牢固树立“人工智能＋竞赛”的思维模式，将数字化手段贯穿于整个竞赛的筹划、组织、管理、宣传等全过程。要及时跟进产业发展需求，把竞赛向新就业形态劳动者和新兴产业、未来产业延伸拓展，大力开展数字技能、数字岗位、数字行业竞赛，以赛促学、以赛促训，不断提高产业工人数字化技术技能水平，为发展新质生产力提供急需人才。要加强对传统竞赛的数字化改造升级，建立完善全局一体、条块整合的数字化竞赛平台，增加远程参与、虚拟展示、数字孪生等途径方式，利用人工智能技术辅助生成评价体系，实时获取分析竞赛过程的数据，及时研究解决竞赛中的矛盾问题。

三、持续办好各级各类职业技能赛事活动

岗位练兵、技能比武等群众性的职业技能竞赛活动的广泛开展，为广大产业工人提供了展示精湛技能、相互切磋技艺、提高技能等

级、激发劳动热情的平台。要不断健全以世界技能大赛为引领、全国技能大赛为龙头、行业职业技能竞赛和地方各级各类职业技能竞赛及专项赛事为主体、企业和院校职业技能竞赛为基础的职业技能竞赛体系。

一是以赛促训，打造产业工人职业技能提升的平台。政府相关部门要在世界技能大赛、全国技能大赛、国家级专项赛事、全国行业职业技能竞赛等赛事活动的计划安排、项目设置等方面加强科学统筹和顶层设计，指导和支持各地组织开展具有地方特色的职业技能竞赛活动。围绕重点产业，优化赛项工种设置，聚焦核心技术，科学设定竞赛标准，促进参赛行业企业逐步完善培训、练兵、比武等竞赛机制。通过以赛代考，将技能标准转化为竞赛目标，有针对性地进行训练，不断突破自我，实现职业技能提升。

二是以赛育才，打造产业工人成长进步的平台。以竞赛为“风向标”，体现产业发展和智能化转型需求，围绕岗位技术难点，有针对性地开展技能比武等活动，推进技能人才培养、使用、评价、激励制度建设。通过竞赛有效检验职业教育教学成果，推动职业院校人才培养模式改革，深化促进产教融合、校企合作。对竞赛获奖选手，符合条件的应晋升职业技能等级，特别优秀的优先推荐参评各级劳动模范、五一劳动奖章、技术能手等荣誉。通过技能竞赛选拔高技能人才，培育大国工匠，为产业工人成长成才搭建快车道。

三是以赛建功，打造激发劳动热情的平台。把习近平总书记关于劳动创造幸福的理念贯穿竞赛宣传和组织的全过程，大兴“比学赶帮超”的劳动热潮，在全社会产生强大的带动力和影响力。积极构建和倡导以劳模精神、劳动精神、工匠精神为核心，以创新创造、发挥作用为价值理念，以多劳者多得、技高者多得为共同意识，以爱岗敬业、公平公正为基本内涵的竞赛文化，激发产业工人干一行、爱一行、专一行、奉献一行的正能量和自豪感，增强企业凝聚力和竞争力。要打造特色技能竞赛品牌，讲好普通劳动者以技成才故事，引导广大产业工人学习新知识、钻研新技术、创造新工艺，充分激发广大产业工人热爱技能、投身技能、提高技能的热情，使“有技能、好就业，长技能、就好业，高技能、就业好”成为社会共识。

专栏二十三

世界技能大赛：世界技能大赛是迄今全球地位最高、规模最大、影响力最大的职业技能竞赛，被誉为“世界技能奥林匹克”，其竞技水平代表了职业技能发展的世界先进水平，是世界技能组织成员展示和交流职业技能的重要平台。1950 年举办了第一届世界技能大赛，此后每两年举办一届，截至 2024 年，共举办 47 届。2026 年第 48 届世界技能大赛将在上海举办。我国从 2010 年加入世界技能组织以来，共参加过七次世界技能大赛，有 283 名选手走上世界技能大赛的舞台，累计获得了 93 枚金牌、41 枚银牌、28 枚铜牌和 71 个优胜奖。2024 年 9 月 10 日至 15 日，在法国里昂举办的第 47 届世界技能大赛上，我国选派 68 名选手参加了全部 59 个项目比赛，共获得 36 枚金牌、9 枚银牌、4 枚铜牌和 8 个优胜奖。金牌数打破历届参赛国家和地区获金牌总数纪录，总成绩打破我国参赛纪录，连续四次位居金牌榜和团体总分首位。

专栏二十四

中华人民共和国职业技能大赛：中华人民共和国职业技能大赛（以下简称全国技能大赛），是经国务院批准、人力资源社会保障部主办的综合性国家职业技能赛事，也是新中国成立以来，赛事规格最高、竞赛项目最多、参赛规模最大、技能水平最高、影响范围最广的综合性国家技能赛事。2025 年 9 月，第三届全国技能大赛将在河南省郑州市举行。

专栏二十五

全国职工职业技能大赛： 全国职工职业技能大赛（以下简称大赛）是由全国总工会牵头，联合有关部委举办的工会系统规格最高、规模最大、影响最广的国家级一类职业技能大赛，是全国总工会一项重要的传统品牌工作，是广大职工学知识、练技能、增本领的重要平台。大赛自 2003 年起，已成功举办八届。历届大赛都得到了广大职工的积极响应和各省（区、市）的大力支持，引领带动了各级各类技能比赛的广泛开展。据统计，2018 年以来，有 1 亿多人次职工参加工会组织的技能比赛，300 多万名职工通过比赛晋升技能等级。2024 年，全国总工会、人力资源社会保障部、科学技术部、工业和信息化部、公安部、陕西省人民政府联合举办第八届全国职工职业技能大赛。大赛以“匠心筑梦，技创未来”为主题，设置焊工、数控机床装调维修工、网络与信息安全管理员、人工智能训练师、汽车维修工（智能网联新能源汽车方向）、网约配送员等 6 个决赛工种，176 万人次职工参加学习练兵，3 万多名职工参加省级选拔赛，770 多万名职工参赛备赛。

四、支持企业开展形式多样的劳动竞赛、技能比武

岗位练兵、技能比武、班组竞赛等活动是企业生产经营的“助推器”、创新创效的“催化剂”和培育高素质人才的“孵化器”。要

积极支持企业围绕提升产业链供应链现代化水平开展各类形式的竞赛活动，进一步激发产业工人劳动热情和创造潜能，提高全员劳动生产率，增强企业凝聚力、创造力和竞争力。

一是推动国有企业竞赛提质增效。创新国企竞赛方式载体，综合运用生产型、技能型、智能型竞赛等形式，突出抓好关系国家安全、国民经济命脉、国计民生和前瞻性战略性新兴产业等领域的竞赛工作，推动提高国企战略支撑能力。利用国有经济布局优化、结构调整和战略性重组、产业链合作等时机，发挥龙头国企优势，示范带动不同所有制企业竞赛工作交流融合，形成更具特色、更具带动力的竞赛新模式，提高竞赛活动助推高质量发展的契合度、贡献率。

二是提升非公企业竞赛工作水平。针对非公企业生产经营和员工结构特点，不断丰富载体内涵，引导产业工人参与竞赛。突出“趣”，创新具有现代元素、接地气的竞赛方式，引入积分兑换、创新银行、报告对话与现场点评等模式，借鉴大型晚会、誓师大会、颁奖典礼等产业工人喜闻乐见的形式，做到常赛常新。突出“网”，按照“智慧工会”建设要求，加强竞赛信息化平台建设，运用“互联网+”、大数据推行“云赛事”“云表彰”等，增强竞赛的便利性和群众性。要加强对中小微企业的支持和引导，通过现场推进会、建立联系点、派出指导员等方式，解难纾困、逐步推动。

三是推进新就业形态竞赛蓬勃发展。借助线上平台、新就业社群等渠道发布竞赛信息，涵盖外卖配送员、网约车司机、网络主播、电商运营专员等群体，提升知晓度与参与度。依据不同岗位特性设计竞赛内容，如外卖配送设置路线规划、限时送达比拼；网络主播开展直播带货、互动技巧考核，全面检验技能水平。构建专业评判体系，邀请行业资深从业者、平台运营负责人、相关领域专家组成评委团，从任务完成效率、服务质量、创新表现等维度综合评分，以公正评比发掘优秀人才，助力新就业形态蓬勃发展。

第二节　激发产业工人创新创造活力

《意见》提出：“鼓励产业工人立足工作岗位、解决现场实际问题，广泛开展面向生产全过程的技术革新、技术创新、技术攻关、技术创造和小发明、小创造、小革新、小设计、小建议等群众性创新活动，完善发挥企业班组作用的制度。引导和支持大国工匠、高技能人才参与重大技术革新、科技攻关项目。加强产业工人创新成果知识产权保护，做好产业工人申报国家科技进步奖等工作。”

坚持立足一线岗位、组织一线产业工人、解决一线问题，把产业工人创新创造嵌入企业研发链条，融入发展新质生产力和建设现代化产业体系，在推进新型工业化、做大做强先进制造业、促进新动能积厚成势和传统动能焕新升级中发挥工人阶级主力军作用。

一、广泛开展群众性创新创造活动

新质生产力是创新起主导作用的先进生产力质态。要聚焦发展新质生产力、实体经济与数字经济融合发展等，组织产业工人踊跃参加面向生产全过程的技术革新、技术创新、技术攻关、技术创造和“五小”等群众性创新创造活动，推动产业工人创新成果转化为现实生产力。

一是营造创新文化氛围。通过宣传优秀创新成果和典型案例，组织“工匠论坛”“创新大讲堂”等活动，激发产业工人创新创造热情。开展层级丰富的主题竞赛和成果展示活动，推广优秀实践经验，建设重视创新、尊重创造的企业文化，营造人人想创新、人人可创新的良好氛围。

二是以培育创新能力为抓手。实施现代学徒制和企业新型学徒制，鼓励一线劳模、技能大师传承技艺，推动技术创新方法普及。政府和企业应联合设立专项培训资金，开展技术创新专题培训班、经验分享会等，通过线上线下相结合的方式，提升产业工人创新意识和解决实际问题的能力。

三是完善创新成果激励机制。完善成果认定和评价标准，对技术攻关、小发明、小革新等成果给予奖励。建立“积分制”“创新银行”等激励模式，将产业工人参与创新活动的表现纳入绩效考核和晋升体系，推动创新与个人发展紧密结合。通过知识产权保护和成果转化收益分配，让产业工人充分享受创新收益。

四是建立健全创新活动机制。设立创新工作室、技术攻关小组和创新联盟，推动产业工人围绕生产全流程解决实际问题。鼓励企业根据自身生产经营特点，组织多层次、多领域的技术比武和技能竞赛，为产业工人提供展示创新能力的舞台。探索“互联网 + 创新”活动模式，利用大数据和智能化手段，构建创新管理系统，实现问题发现、方案交流和成果转化全链条管理。

专栏二十六

“四技五小”：“四技”是指广泛开展面向生产全过程的技术革新、技术创新、技术攻关、技术创造等群众性创新活动。

技术革新是指对现有技术进行改进或优化，以提高生产效率、降低成本、提升产品质量或减少资源消耗。技术革新通常是对已有技术的渐进式改进，而不是颠覆性的变革。

技术创新是指通过研发或应用新技术，创造出新的产品、工艺或服务，或对现有技术进行重大改进，带来显著的经济效益或社会效益。技术创新可以是渐进式的，也可以是突破性的。

技术攻关是指针对生产中的关键技术难题或瓶颈问题，集中力量进行研究和突破，以解决技术难题，推动技术进步。技术攻关通常是团队合作的结果，涉及跨部门或跨领域的协作。

技术创造是指通过科学研究或技术开发，创造出全新的技术、产品或工艺，具有原创性和突破性。技术创造往往是颠覆性的，能够带来行业或技术的革命性变化。

“五小”等群众性创新创造活动即小发明、小创造、小革新、小设计、小建议，是工会的一项传统品牌工作，是推动产业工人队伍建设改革、提高职工技能素质、培养大国工匠的重要抓手。“五小”活动坚持以职工为中心，尊重职工首创精神；坚持以需求为导向，围绕生产经营的重点和难点，紧密结合岗位实际开展活动；坚持在继承中创新，不断丰富和完善内容、方式、载体；坚持共建共享，在促进企业发展的同时让职工受益。

2019 年，全国总工会制定下发《关于广泛深入持久开展“五小”活动的指导意见》，要求广泛持久开展“五小”活动，使活动落实到基层、深入一线，并长期坚持下去、形成长效机制。2021 年全国总工会下发的《劳动和技能竞赛规划（2021—2025 年）》，更是明确突出“五小”活动在群众性创新活动中的重要地位，把合理化建议作为基础环节，形成基础广泛、人才集聚、成果丰硕的活动体系。

二、完善发挥企业班组作用的制度

班组是联结企业与一线产业工人的核心纽带，是企业最基础的生产单位，始终是中国特色社会主义建设的重要力量。从马恒昌小组到“毛泽东号”机车组，从赵梦桃小组到1205钻井队，班组建设的历史承载着中国工人运动和企业发展的缩影，承载着中国工人阶级的奋斗精神和时代担当。班组的辉煌历史，是中国特色社会主义建设的重要组成部分，也是中国工人阶级的集体记忆。无论是过去、现在还是未来，班组都将继续作为中国工业的“细胞”，在中国特色社会主义的伟大征程中，书写更加壮丽的篇章。

新形势下，推动班组建设与时代进步、国家发展同频共振，有利于企业基层组织管理，有利于实现企业发展战略、提高企业管理水平、保障企业安全生产，有利于产业工人体面劳动、全面发展，对于打通产业工人队伍建设改革“最后一米”具有重要意义。要紧扣企业战略目标和实际需求，构建系统化的班组管理体系。将班组建设纳入企业顶层设计和年度重点工作计划，优化班组责任体系，将生产任务、质量标准、安全目标等分解至班组，推动班组从“作业单元”向“价值创造单元”转变，为企业安全生产和提质增效奠定坚实基础。要健全班组评价、激励、考核等机制，确保建设目标具体可量化。要以数字化、智能化手段为支撑，建立班组评价和动态管理平台，实现管理过程的可视化与透明化。要加强班组赋能提升，打造创新协作平台。注重班组成员综合能力提升，推进现代学徒制、技能竞赛、知识共享平台等举措，完善“培训—练兵—比武—激励”全链条培养体系。要通过设立劳模工匠创新工作室、技能大师工作室等创新平台，鼓励班组开展技术攻关、小发明、小改造等活动，形成“比学赶帮超”的良性竞争氛围。

专栏二十七

马恒昌小组：1949年，马恒昌小组在沈阳第五机器厂（1950年分迁到齐齐哈尔，即第二机床厂，现在的通用技术齐齐哈尔二机床有限责任公司）诞生，这是新中国成立以来第一个以个人名字命名的模范班组，开创了我国工运史上劳动竞赛、民主管理和技术革新的先河，铸就了以“喊破嗓子不如做出样子”为核心内涵的马恒昌小组精神。班组自组建以来，取得诸多创新成果，培养出一大批先进个人，被誉为“我国班组建设的摇篮”、新中国工人阶级的一面鲜红旗帜。

三、引导和支持大国工匠、高技能人才参与重大技术革新、科技攻关项目

大国工匠、高技能人才是实现高水平科技自立自强、破解创新发展难题的“生力军”。要采取“揭榜挂帅”“技师＋工程师”团队合作模式，引导和支持更多大国工匠、高技能人才参与重大技术革新、科技攻关项目，助力解决生产环节中的技术瓶颈和关键难题，加速重大技术成果的突破与转化。

一是构建重大项目的“揭榜挂帅”制度。企业要根据改进生产流程、改善工艺水平、解决生产技术难题等需求制定目标明确、任务清晰、结果可测的“榜单”任务，完善参与、组织、激励、资金等配套保障措施。大国工匠、高技能人才结合个人特长、经验能力和工作实际，主动申请报名“揭榜”，自主组建团队，自主选择实施路径，自主确立合作模式，自主使用攻关经费，鼓励其带领团队高

效工作、大胆创新。

二是搭建多层次、多领域的参与平台，形成“产学研用”一体化的攻关机制。将高技能人才纳入企业研发团队，推动与科研机构、技术专家的深度合作，形成“技师 + 工程师”团队合作模式。主动适应新一轮科技革命和产业变革的需要，引导高技能人才密切关注行业、产业前沿知识和技术进展，勤学苦练、深入钻研，熟练掌握运用数字化平台和智能化工具。

专栏二十八

高凤林荣获国家科学技术进步奖二等奖： 2024 年 6 月 24 日，中国航天科技集团第一研究院首席技能专家高凤林的“新一代运载火箭高效能氢氧发动机焊接制造技术”项目荣获国家科学技术进步奖二等奖，这是高凤林继 1996 年荣获国家科学技术进步奖二等奖之后再获殊荣。

发动机是火箭的“心脏”。高凤林扎根一线 40 多年，攻克了多项火箭发动机焊接技术世界级难关，填补了我国相关技术的空白，为探月、探火、空间站建设等国家重大任务的顺利实施作出了突出贡献。“像火箭一样燃烧自己，靠的是匠心，成的是工匠”。高凤林以精湛的技艺和报国之心，“焊”就不凡。

四、加强产业工人创新成果知识产权保护

强化知识产权保护，不仅能够保障产业工人创新权益，增强其成就感和积极性，还能够有效激励更多产业工人参与技术创新，形成全员创新、持续创新的良好氛围。

一是加强产业工人创新成果的评选、展示和交流活动。为创新

成果提供展示平台，推动创新方法的推广。建立健全产业工人创新成果分享机制，明确成果归属和收益分配规则，通过合理的激励机制保障产业工人的权益和创造热情。

二是推动企业完善知识产权管理制度。明确专利申请、保护及使用的标准化流程，为产业工人创新提供制度性支持。依托技术市场，开展技术转让、技术服务和产学研对接活动，实现“成果—转化—效益—成果”的良性循环。优化知识产权收益分配机制，让创新者充分享有成果转化带来的红利。企业可通过设立技术交易平台、创新工作室或合作研发项目，为创新成果的转化和落地提供技术支撑和资源保障。加强成果推广中的知识产权保护，为产业工人创新提供稳定的应用场景和市场环境。

三是强化创新成果的知识产权保护机制。普及知识产权知识，提高产业工人的专利申请意识和能力。企业应为产业工人提供专利申请支持，设立专门团队处理知识产权事宜，并与相关部门合作加强侵权监测和执法力度。通过完善保护与激励并重的创新生态链，推动产业工人从“创新主体”迈向“创新驱动”，为企业高质量发展注入持续动力。

第三节 发挥劳模和工匠人才的示范引领作用

《意见》提出：“加强劳模工匠创新工作室、技能大师工作室、职工创新工作室、青创先锋工作室等平台建设。推动在专精特新中小企业、专精特新‘小巨人’企业中加强创新工作室建设。鼓励发展跨区域、跨行业、跨企业的创新工作室联盟。实施‘劳模工匠助企行’，促进专精特新中小企业发展。”

劳模和工匠人才是产业工人的优秀代表，是人才培养、技能传承、建设制造强国的重要力量。要加强劳模工匠创新工作室、职工创新工作室等平台建设，鼓励发展跨区域、跨行业、跨企业的创新工作室联盟，持续开展“劳模工匠助企行”专项行动，充分发挥劳模和工匠人才的示范引领作用，最大限度把他们的技术技能、敬业精神、优良作风转化为企业创新创造的发展优势。

一、加强产业工人创新平台建设

近年来，各级高度重视产业工人创新平台建设，全国总工会创建命名了 3 批 297 家全国示范性劳模和工匠人才创新工作室，各级各类创新工作室已达 10.5 万家，有效增强了企业自主创新能力和核心竞争力。

一是发挥劳模和工匠人才技术技能优势，加强劳模工匠创新工作室、技能大师工作室、职工创新工作室、青创先锋工作室等平台建设，引导国有企业加强制度建设、制定工作标准、规范运转程序，促进各类创新工作室持续健康发展；提高非公企业对创建创新工作室重要性的认识，指导其深入挖掘本企业劳模和工匠人才的创新创造潜能，加快创新工作室的建立和推广；推动在专精特新中小企业、专精特新“小巨人”企业中加强创新工作室建设。鼓励机关事业单位创建符合单位实际的创新工作室，进一步拓宽创建领域。

二是积极发挥创新工作室的创新潜能，进一步提高各种类型创新工作室的创新攻关能力、创新成果管理能力。技术攻关型创新工作室要紧贴企业生产实际，开展群众性技术攻关、技术革新和发明创造活动，破解技术难题，推动企业技术进步。技能传授型创新工作室要为劳模和工匠人才传授绝技绝活提供条件，达到“传帮带”效果的最大化，培养和造就一大批高技能人才。窗口服务型创新工作室要在适应客户需求、改进服务流程、拓展服务手段上大胆创新，不断提高服务质量和水平。

三是建立健全创新工作室创新成果网上展示系统，充分发挥网络平台的媒介作用和服务功能，及时发布创新成果，加强技术交流，推动创新成果在本产业、本地区乃至更大范围应用。组建专家咨询委员会和专业技术委员会，为创新工作室提供政策咨询、技术指导、创新支持、知识产权保护等专业服务，组织开展创新成果鉴定、成果展示、成果评选工作，举办技术推广、经验交流等活动，积极向政府相关部门推荐优秀创新成果，促进创新项目孵化和成果转化。

二、引导和支持创新工作室联盟建设

创新工作室联盟建设打破了不同劳模工匠创新工作室之间的壁垒，实现了信息共享、技术互补，促进了劳模工匠人才之间的交流与合作。近年来，一些地区、行业、企业结合实际，创新探索开展创新工作室联盟建设，取得积极成效，实现了资源的优化配置，为促进企业技术进步和优秀技能人才培养提供了重要舞台。

一是坚持线上线下相结合，双向发力推进创新工作室联盟建设。进一步完善劳模工匠创新工作室联盟云端平台，推动各级各类创新工作室上线进网，形成大平台＋各级工作室联盟网状格局。各产业工会和各行业协会要紧密联动、聚力协同，多层面探索创建跨区域、跨行业、跨企业的创新工作室联盟体系，使各级各类创新工作室由“点”成“面”、聚“线”成“网”，形成劳模工匠创新工作室矩阵。

二是横向拓展地域联盟，引导有条件的劳模工匠创新工作室加强横向联合，在省、市、县等各层级创建劳模工匠创新工作室联盟，组织开展本地活动及区域之间的创新攻关与技术交流。

三是纵向延伸产业联盟，建立产业（系统）劳模工匠创新工作室联盟，加强各个行业（系统）间的创新攻关与技术交流，重点培育本行业（系统）具有引领力的劳模工匠创新工作室领衔人，充分发挥作用。行业龙头企业依托产业链探索创建、有序扩大跨区域、跨行业、跨企业的劳模工匠创新工作室联盟，推动解决“卡脖子”关键核心技术难题。

三、开展“劳模工匠助企行”专项行动

2023 年，全国总工会探索开展“劳模工匠助企行”专项行动，旨在发挥劳模工匠作用，帮助中小微企业解决设备、工艺、技术难题，助力专精特新中小企业实现可持续发展、高质量发展。截至 2025 年 1 月底，累计组织劳模工匠开展 2.1 万次活动，解决技术问题 4 万多个，帮助 53.3 万人次提升技能水平。

一是构建服务矩阵。成立“劳模工匠助企行”专项行动领导小组，牵头组建劳模工匠技术服务队，吸纳劳模工匠加入。征集劳模工匠人才服务“资源清单”和企业技术难题“需求清单”，实施精准匹配，做到资源共享、优势互补。

二是搭建服务平台。通过搭建线上平台、院校平台、成长平台、活动平台、关爱平台等服务平台，搭起沟通桥梁，实现面对面技术指导，开展“师带徒”活动，及时帮助企业解决技术难题。依托院校平台，开展专业技术培训、劳模精神宣讲等。邀请优秀劳模工匠到本地传经送宝，开展咨询服务。

三是完善制度机制。将“劳模工匠助企行”专项行动纳入工会

年度重点工作，定期听取推进落实情况。建立月度通报机制，坚持数据周上传、案例周报送、工作月总结，提升监督质效，形成“比学赶超”的浓厚氛围。严格建账销号机制，针对企业“急难愁盼”问题制作企业需求解决情况表，及时督促，跟踪督办，逐项对账销号。

专栏二十九

劳模工匠创新工作室：劳模工匠创新工作室是由具有较强技术能力、业务能力、创新能力和管理能力的劳模、工匠人才领衔，以技术创新、管理创新、服务创新和制度创新为主要内容，以解决工作现场难题、推动所在单位创新发展为目标的群众性创新活动团体。劳模工匠创新工作室的申请、认定，采取名额分配、省级申报、专家评审的方式确定。

典型案例十三

适应数字化发展需要 更好发挥主力军作用

2022 年 7 月至 2023 年 6 月，全国总工会、福建省人民政府共同举办了全国职工数字化应用技术技能大赛。大赛以“提升数字技能，更好发挥主力军作用”为主题，紧扣时代脉搏，找准产业工人队伍建设改革在提升全民数字素养与技能工作中的切入点，引导广大职工在数字经济领域发挥更大作用。

一、坚持高站位谋划

提高政治站位，认真学习党的二十大精神和习近平总书记关于数字中国建设的重要论述，充分认识本届大赛是提升职工数字素养与技能的重要平台，是各级工会围绕中心、服务大局，组织职工为高质量发展作贡献的重要抓手。高规格组建了由中国工程院院士丁烈云担任主任，中国科学院院士陈维江、长江学者梅雪松担任副主任的技术委员会。遴选22名在专业领域有较高理论水平、熟悉行业技术标准、熟悉竞赛工作的高校教授、行业领军人才、龙头企业技术负责人、工匠人才等组建了各工种专家组。

二、坚持高效率统筹

注重加强与大赛承办、协办单位的密切联系，形成工作合力。福建省及福州市宣传、公安、消防、电力等各有关方面密切合作，为各代表队和领导嘉宾提供“一对一”服务保障，组建了由350名职业院校学生组成的志愿服务队，有效保障决赛各项赛程顺利完成。大赛启动后，各地迅速响应，广泛组织练兵比武、预赛（选拔赛）和赛前培训，近7000名职工参加了省级选拔赛，超过40万名职工参赛备赛。大赛网上学习练兵活动，吸引累计274万人次职工参与。

三、坚持高质量办赛

把数字化贯穿全程，开通大赛官方网站发布信息，线上征集大赛主题，完善赛事管理信息系统支持线上组队报名，开发专属微信小程序服务赛事，使用平板电脑进行理论考试，实现了全程无纸化。开闭幕式各环节精心设计，充分体现数字化理念。大赛实现了多个“首次”：首次面向数字技能应用领域举办全国性职工职业技能大赛和数字化大赛，聚焦“应用”考查选手数字化技能与创新能力；首次就焊接设备操作工－机器人、建筑信息模型（BIM）技术员、无人机操作员3个工种举办大赛；首次组织大规模网上学习练兵活动，促进职工数字素养与技能的普遍提升；首次开展线上技能大比武，场内场外同台竞技扩大职工参与面；首次邀请专家现场讲解全程直播，普及数字化应用技术技能知识；首次制作主题曲 MV、大赛总结片等，运用新媒体传播，增强大赛影响力，真正实现高质量办赛。

四、坚持全媒体立体化宣传

按照预热期、升温期、引爆期三个阶段谋划宣传工作。制作大赛决赛主题曲 MV，在《人民日报》、中国新闻网、东南卫视等中央和省级媒体发布。运用新兴媒体，在微信朋友圈投放赛事宣传，组织“职工数字技能抖出彩”抖音挑战赛，播放量达 1.5 亿次。决赛期间，集中在中央媒体、全国各省市媒体、福建当地宣传媒介加大宣传力度，形成了立体化全方位宣传态势。大赛相关内容在《人民日报》、新华社、中央广播电视总台等中央媒体平台刊播 100 多篇 / 次，其中央视报道 15 次；北京、河北、辽宁、江苏、甘肃等 13 个代表队通过省级媒体宣传大赛；福州市组织城市灯光秀、制作 30 秒宣传视频、车身广告、电子海报等，强化社会氛围营造。

典型案例十四

培育卓越班组长 共筑制造强国梦

2024 年 8 月 20 日，首届全国“红旗杯”班组长大赛决赛在吉林省长春市拉开帷幕。大赛以“培育卓越班组长，共筑制造强国梦”为主题，设置铁路、建筑、电力、化工、机械、钢铁、有色金属、建材、国防科技工业、轻工等 10 个行业赛道，分初赛、复赛和决赛三个阶段进行，从全国65万名班组长中选拔产生100名优胜选手，实现以赛促学、以赛促训，充分激发一线班组的劳动热情和创造潜能。

一、准备充分，精心组织

赛前制定了考试设备、赛场布置、氛围营造、人员报到、服务保障等各类工作方案。组织选手动员、裁判培训、熟悉赛场、全流程模拟等。选手有序参加比赛，机考自动评分，裁判员严格执裁，专家组及时处置仲裁，公证机构全程监督。比赛当天按照复赛成绩占比40%、决赛成绩占比60%的方式综合计算每位选手的成绩，并按赛道分别进行排名，经技术委员会、公证机构审核比赛结果。在颁奖典礼上公布获奖选手名单并予以表彰奖励，组织签名打卡、走红毯、致敬班组长等有关活动，并组织赴一汽集团、中车长客公司等参观交流。

二、创新办赛，赛事精彩

首次在全国范围内举办以“班组长”为选手的大赛，并按照行业设置赛道，在全国范围内受到了广泛的关注，大赛共设置10个行业赛道，吸引全国3万多家企业、65万名班组长报名参赛，是一次涉及行业、产业、企业、职工人数最多的大赛。首次将初赛全部放到线上，并将赛训结合一体。初赛阶段专门邀请包括12位大国工匠在内的专家开展网上直播课程24场，制作了201门、1049节、2.56万分钟的线上培训课程，与专家开发了万道理论试题库，组织职工开展赛前网上学习培训，在线上举办初赛，真正使选手在比赛过程中就能提升自己的工作技能。首次将数字孪生和AI大数据应用在全国大赛决赛的比赛环节，决赛依托数字孪生技术，将班组长的日常生产、工作与培训环境进行了全方位的立体式还原，每名参赛选手均可进入完全仿真环境下，进行沉浸式答题。

三、加强表彰，激发动力

此次比赛参照奥运获奖选手礼遇，对各赛道前三名优胜选手奖励红旗车使用权，让获奖选手充分感受到殊荣和骄傲；对各赛道成绩前 10 名的选手颁发证书和奖杯；对每个行业赛道成绩第一名且符合条件的选手，可申报全国五一劳动奖章，名额单列；对各赛道成绩第一名的选手所在班组且符合条件的授予全国工人先锋号。与清华大学联合举办首届全国“红旗杯”班组长大赛决赛选手能力提升专题研修班，强化综合素质、拓宽个人视野。将进入决赛的选手纳入优秀技术工人疗休养活动，组织 68 名优秀班组长赴湖南开展为期 5 天的疗休养，增强技术工人的获得感、自豪感、荣誉感。

典型案例十五

以“五小”活动为抓手 促进效益提升和价值创造

上海市坚持把“五小”创新活动作为职工群众参与生产实践、发挥聪明才智的重要途径和有效载体。近年来，聚焦“效益提升、价值创造”，逐步优化形成“征集、命名、奖励、展示、转化”的职工“五小”创新活动闭环，推动群众性岗位创新活动持续蓬勃开展，组织动员职工立足岗位建功立业。

一、突出重点，“高质量”命名创新成果

上海市总工会联合市科学技术委员会、市经济和信息化委员会等部门，在各级工会中以职工合理化建议和先进操作法为重点，征集“五小”创新项目。聚焦上海现代化产业体系发展需求，以“两个效益”“两个领先”为标准，每年评定240项成果奖、创新奖，同时，推荐40项职工合理化建议和先进操作法优秀成果申报全总“五小”成果路演项目。近年来，命名的创新成果涵盖航天、汽车、通信等20多个领域，“专精特新”非公企业项目占比近25%，涉及三大先导产业约占四成。2个项目入选全国职工“五小”优秀创新成果，上海市总工会被评为全国五小系列活动最佳组织单位。

二、广泛发动，“高效能”发挥撬动效应

组织动员全市职工登录“技能强国－全国产业工人学习社区”平台，积极申报“五小”成果。树立有上海特色的“五小”创新项目典型，通过大国工匠创新交流大会、上海职工科技节等进行展示推广。2024年，全市职工通过“技能强国－全国产业工人学习社区”平台自主申报成果1281项，其中124项入围全国精选展示项目；市总工会投入经费34.47万元，组织全市40.25万名职工参与“五小”系列活动，形成各级成果12.8万项，“高效能”撬动产生经济效益33.1亿元。

三、有效融通，“全链条”促进产业发展

联合市知识产权局等部门，搭建职工创新成果转化交易平台，探索实现线上线下相结合的职工创新成果市场交易模式，推动创新成果全年度对接转化，形成“岗位创新—成果转化—产业发展”链条闭环。截至2024年，已举办四场上海职工创新成果转化拍卖会，1698个职工岗位创新项目参与拍卖活动，交易总金额超30亿元，其中，未来健康领域“五小”创新项目现场签约2300万元。

典型案例十六

开展“五比三创”劳动竞赛 助推企业高质量发展

天津石油化工公司开展“比安全环保、比工程质量、比工程进度、比文明施工、比廉洁建设，创安全工程、创精品工程、创标杆工程”的“五比三创”劳动竞赛，覆盖69家参建单位2万余名员工，助推“十四五”全国引领性劳动和技能竞赛项目——南港乙烯项目高质量建设。

一、创新竞赛机制

实行项目建设与劳动竞赛同步实施、同步考核，将竞赛指标纳入党员责任区、党员示范岗考评体系，“五懂五会五能”覆盖全体技能操作人员，公司、作业部和车间三级技能竞赛、技术比武，助推项目实现连续安全人工时超过6000万。

二、发挥竞赛优势

着力打造“朝阳工匠”“现场应急”等技能竞赛品牌，评选出“十大”劳模、“双十”标兵、“双百”先进，走上星光大道、闪耀南港工地。100余个建设者爱心休憩驿站、综合服务站、医疗救护站，布点南港项目建设现场，服务百路参建大军。“最美劳动者、唱响新时代”等慰问演出鼓舞士气、激励干劲。

三、突出党建引领

坚持“党委统一领导、工会统筹协调、各专业部门和有关单位分工协作”的班组建设领导体制和运行机制，细化落实“五型班组”创建“7+1”运行机制，打造“最强班组”，培养“最强班长”。先后有9个班组分获全国工人先锋号、全国质量信得过班组等荣誉称号，在首届全国“红旗杯”班组长大赛中，获化工赛道第三名、第四名。每年评选表彰“金点子”合理化建议、职工优秀操作法100项。

第七章　壮大产业工人队伍

工人阶级是我国的领导阶级，是我们党最坚实最可靠的阶级基础。当前，我国正处于以中国式现代化全面推进强国建设、民族复兴伟业的关键时期，国内改革发展稳定任务极其艰巨繁重，国际形势变乱交织、错综复杂，世界百年未有之大变局加速演进。《意见》坚持系统思维、全局观念，紧紧围绕巩固党长期执政的阶级基础和群众基础，统筹推进高质量发展、经济转型升级与促进产业工人队伍发展壮大，从稳定制造业产业工人队伍、大力培养大国工匠、吸引更多青年加入产业工人队伍、把农民工培养成高素质现代产业工人等方面，对建设宏大的一流产业技术工人队伍提出具体举措。

第一节　稳定制造业产业工人队伍

《意见》提出："支持制造业企业围绕转型升级和产业基础再造工程项目，实施制造业技能根基工程和制造业人才支持计划。统筹推进制造业转型升级和保持产业工人队伍稳定，支持和引导企业加强转岗培训，提高产业工人多岗位适应能力。"

制造业是国民经济的主体，是立国之本、兴国之器、强国之基。2022 年，习近平总书记在四川考察时强调，"我国是制造大国，要努力提高自主创新能力，加快向制造强国转变"。当前，我国拥有世界上最大的制造业规模，但继续向上攀登，做强做优做大实体经济，切实向制造强国跃升，急需一大批数量充足、规模稳定、技能精湛的高技能人才、能工巧匠、大国工匠。

一、深入实施制造业技能根基工程和制造业人才支持计划

技能人才是支撑中国制造、中国创造的重要力量，是联接技术创新与生产实践最核心最基础的劳动要素。2013 年 7 月 21 日，习近平总书记在武汉重型机床集团有限公司考察时指出，工业是我们的立国之本，要大力发扬自力更生精神，研发生产我们自己的品牌产品，形成我们自己的核心竞争力，推动国家繁荣富强，工人阶级要把这个历史责任承担起来！深入实施制造业技能根基工程和制造业人才支持计划，是深入贯彻习近平总书记重要指示精神、加快培养制造业高质量发展急需高素质技能人才的重要举措。

一是突出国家技能根基工程培训基地建设。重点依托国家制造业高质量发展试验区、国家先进制造业集群等遴选制造业龙头企业、单项冠军企业、专精特新“小巨人”企业和优质技工院校，建设国家技能根基工程培训基地，重点开展高技能人才特别是技师、高级技师、特级技师、首席技师培训研修，形成规模化培训示范效应。支持其面向产业链上下游中小微企业提供培训服务，促进制造业技术迭代和质量升级。推动技工院校与先进制造业企业合作共建，探索组建一批聚焦制造、突出创新、效益显著的技工教育联盟（集团），提高制造业技能人才培养针对性和有效性。

二是突出完善制造业政府补贴职业技能培训目录。完善制造业职业分类，动态发布新技术应用和自主技术创新应用产生的新职业，加快制定国家职业技能标准。坚持市场引导和政府补贴职业技能培

训共同推进，各地要制定公布制造业政府补贴职业技能培训目录，并动态征集和调整优质培训项目，加大对制造业技能人才培养的支持力度。各地可突出“高精尖缺”导向，结合新一代信息技术和自主信息技术产业、高端工业母机和机器人、航空航天装备、船舶与海洋工程装备、关键软件、数字技能等领域以及工业和信息化职业技能提升培训指导目录，优先将其中适合当地制造业技能人才培养需要的相关职业工种纳入政府补贴职业技能培训目录，并适当提高补贴标准。

三是突出制造业高技能领军人才选拔评聘。支持制造业企业全面推行职业技能等级制度，推动符合条件的规模以上制造业企业全部备案纳入培训评价机构目录，健全八级技能岗位等级设置，自主开展职业技能等级认定。以工业“六基”“卡脖子”关键核心技术等领域为重点，选拔一批技能高超、业绩突出的高技能领军人才聘任首席技师、特级技师等高级技术职务（岗位）。符合条件的，优先推荐入选制造业人才支持计划、享受政府特殊津贴，优先参评中华技能大奖、全国技术能手等评选表彰项目。

四是突出工作模式创新。在重点工程、重大项目、关键环节中，探索推行“工程师＋高技能领军人才”的团队合作模式，推动科技创新研发与生产实践紧密融合。要建立健全柔性流动机制，对核心技术岗位、关键工序和急需紧缺技能人才，鼓励通过兼职、服务、项目合作等方式更好发挥引领带动和辐射效应，稳定并壮大制造业技能人才队伍。鼓励各地结合制造业企业岗位需求开发培训计划，探索建立全国制造业职业技能培训资源、职业资格证书、职业技能等级证书和专项职业能力证书信息共享机制。

专栏三十

《制造业技能根基工程实施方案》：为深入贯彻习近平总书记对技能人才工作的重要指示精神，实施新修订的《职业教育法》，全面落实《“十四五”职业技能培训规划》，加快培养制造业高质量发展急需的高素质技能人才，人力资源社会保障部、工业和信息化部、国务院国资委于2022年6月联合制定了《制造业技能根基工程实施方案》的通知。该方案明确：2022年至2025年，聚焦制造业重点领域建立一批国家技能根基工程培训基地，加大制造业高新技术、数字技能和急需紧缺职业工种政府补贴培训支持力度，全面推进制造业企业技能人才培养评价工作，促进制造业技能人才“人人持证”，优化使用发展环境和激励机制配套支撑，打造数量充足、结构合理、素质优良、充满活力的制造业技能人才队伍。

专栏三十一

制造业人才支持计划：2022年10月，工业和信息化部发布《关于加强和改进工业和信息化人才队伍建设的实施意见》，提出实施“制造业人才支持计划”，围绕工业和信息化重点领域，聚焦优质企业，遴选和支持一批创新企业家、先进制造技术人才、先进基础工艺人才，推动建立一支爱国奉献、矢志创新、团结奋进、勇攀高峰的制造业人才队伍。其中，先进基础工艺人才项目明确每年选拔一批长期从事基础工艺技术攻关、实践操作等工作，解决生产制造过程中的关键工艺难题，具有丰富实践经验和突出贡献的先进基础工艺人才，在优先承担国家重大工程项目、提供资金资助、建设技能大师工作室等方面予以支持。

二、统筹推进制造业转型升级和保持产业工人队伍稳定

制造业是吸纳产业工人的主渠道，保持一支规模稳定的知识型、技能型、创新型制造业产业工人大军，是实现高质量发展的关键。受发达国家制造业回流、出口订单下降、自动化与数字化转型、制造业岗位吸引力不强、高技能人才供给不足等多方面因素影响，我国制造业就业的总体规模及其占比自 2014 年起持续下降，引发社会各界关于“过早去工业化”的隐忧。《中国工业经济统计年鉴》数据显示，我国规模以上制造业平均用工人数从 2014 年的 8849.9 万人降至 2022 年的 6981.1 万人；《中国统计年鉴 2024》数据也表明，城镇非私营单位就业人员中制造业就业比重从 2014 年的 28.7% 下降至 2023 年的 21.9%。《制造业人才发展规划指南》数据进一步显示，到 2025 年，我国制造业十大重点领域人才缺口将接近 3000 万人，缺口率高达 48%。

发展新质生产力在大幅提升劳动生产率的同时，也给破解制造业结构性就业矛盾带来了新的压力与挑战。要把保持产业工人队伍稳定作为支持制造业高质量发展的重要内容，坚持供需双侧发力、长短期分类施策，以增强制造业综合竞争力为根基，以实施就业优先战略为导向，以扩大制造业技能人才供给和提升制造业就业质量为抓手，吸引更多劳动者投身制造业，不断筑牢立国之本、强国之基。

一是在提升制造业综合竞争力中增强对产业工人的吸纳能力。要加快推动作为经济增长和就业收入基本依托的传统产业改造升级，推动新旧发展动能平稳接续转换。实施制造业技术改造升级工程，发挥中央财政资金引导作用，大力推进“智改数转网联”新技改，

打造一批重大示范项目，推进先进制造融合集群发展，开发更多依赖于认知、人机互动、创意创造的技能复合型和高附加值就业岗位。加快制造业重点产业链高质量发展，引导产业工人积极参与制造业重大技术改造升级和大规模设备更新工程，促进低端体力型岗位向高端技能型岗位升级，推动产业工人队伍扩容提质。深入实施制造业降本减负行动，鼓励各地进一步降低制造业企业融资、租金、物流、用能等成本，推进制造业“增品种、提品质、创品牌”工作，提升制造业综合竞争力，切实稳定和扩大制造业产业工人规模。

二是在优化人才供给中提高人岗适配率。加快劳动者知识和技能更新速度，广泛开展智能化技术应用适应性、储备性培训，提升智能化技术通用技能，提高产业工人多岗位适应能力，缩短岗位转换时间。优化先进制造业企业用工服务保障，健全制造领域人力资源服务业协同发展机制，开展融合发展试点，组建多种形式的创新联合体，培育专注制造服务的人力资源服务机构，打造服务集聚区。加强制造业招聘用工保障，推进专业性行业性人才市场建设，组建招聘用工联合体，健全东西部人力资源服务协作，提升供求匹配效能。深化制造业中小企业人力资源服务，引导人力资源服务机构在制造业中小企业集聚区贴近服务，加快发展数字化人力资源管理，完善全链条服务。

三是在实施就业优先战略中保持产业工人队伍稳定。积极应对智能化技术应用对产业工人就业影响，建立机器人、人工智能等智能化技术应用对产业工人就业影响的跟踪研判和协同应对机制，避免其就业替代效应短期内集中释放。支持劳动密集型产业吸纳和稳定就业，推动传统制造业转型升级赋能、延伸产业链条，稳住外向型劳动密集产业及上下游产业链就业岗位。统筹做好新技术应用和岗位转换，加快制造业就业友好型技术创新和商业模式创新，构建不同行业、不同业态间的转岗机制，同时，加大产业工人就业帮扶和兜底保障力度，积极探索多渠道、多样化的招聘活动和就业帮扶项目，帮助产业工人实现转岗和再就业。

四是在营造良好社会氛围中提升制造业岗位的吸引力。各地要加强政策宣传解读，主动向社会宣传先进制造业促就业行动相关安排、扶持政策、服务活动，提高知晓度和参与度。广泛挖掘选树一批吸纳就业数量较多、具有良好社会声誉的先进制造业企业，对企业的发展前景、产业工人的劳动条件、福利待遇、职业发展等典型做法和积极成效进行大力宣传，发挥示范引领作用。加强就业观念引导，讲好工匠故事、涵养劳动文化，鼓励各地在中小学开展体验式生产制造教育，深入实施劳模工匠进校园行动，进一步营造劳动光荣、技能宝贵、创造伟大的舆论氛围和社会风尚，引导更多包括广大青年在内的劳动者投身制造业。

专栏三十二

《关于加强人力资源服务助力制造业高质量发展的意见》：2024 年 12 月，人力资源社会保障部、国家发展改革委、工业和信息化部、商务部、全国工商联印发《关于加强人力资源服务助力制造业高质量发展的意见》，推动人力资源服务业和制造业融合发展，更好助力现代化产业体系建设，促进高质量充分就业，为制造业转型升级提供人力资源支撑。

第二节　大力培养大国工匠

《意见》提出："实施大国工匠人才培育工程。持续办好大国工匠创新交流大会暨大国工匠论坛。加强巾帼工匠培养，充分发挥作用。广泛深入开展工匠宣传，在全社会大力弘扬工匠精神，讲好工匠故事，按规定开展表彰工作。""力争到 2035 年，培养造就 2000 名左右大国工匠、10000 名左右省级工匠、50000 名左右市级工匠，以培养更多大国工匠和各级工匠人才为引领，带动一流产业技术工人队伍建设。"

党的十八大以来，以习近平同志为核心的党中央高度重视大国工匠人才队伍建设。2017 年，中共中央、国务院印发的《新时期产业工人队伍建设改革方案》中明确提出"叫响做实'大国工匠'品牌"。2022 年 4 月，习近平总书记向首届大国工匠创新交流大会致贺信。2022 年 10 月，党的二十大报告首次将大国工匠列为国家战略人才力量。2023 年 5 月，习近平总书记在二十届中央财经委员会第一次会议上强调，要大力建设世界一流企业，倍加珍惜爱护优秀企业家，大力培养大国工匠。2024 年 7 月，党的二十届三中全会提出，要着力培养造就卓越工程师、大国工匠、高技能人才，建设一流产业技术工人队伍。

全国总工会认真贯彻落实习近平总书记重要指示精神和党中央有关决策部署，不断完善工作体系，大力培养大国工匠，在全社会叫响做实大国工匠品牌。2015 年起全国总工会联合中央广播电视总台合作推出《大国工匠》专题片和专题新闻报道，在央视《新闻联播》《新闻直播间》《朝闻天下》等栏目广泛宣传大国工匠精湛技艺和突出贡献。2018 年起，先后举办五届“大国工匠年度人物”发布活动。2022 年、2023 年连续举办两届大国工匠创新交流大会暨大国工匠论坛。自 2024 年起，全国总工会制定出台《大国工匠人才培育工程实施办法（试行）》，设立激励保障专项资金，注册“大国工匠”商标，大力培育大国工匠。截至 2024 年 10 月，累计选树大国工匠 112 名，正在培养的大国工匠培育对象 220 名，带动培养各级各类工匠 4.5 万名。各地加大劳模工匠馆、劳动主题公园等的建设力度，杭州、无锡、苏州、咸阳、柳州、株洲、青岛、枣庄等市设立工匠日，大国工匠的技能报国之路越走越宽广，大国工匠带头引领、工匠人才不断涌现的良好局面日益形成。

一、实施大国工匠人才培育工程

大国工匠是产业工人队伍中的技能拔尖人才和创新领军人才。建设现代化产业体系、推动高质量发展、加快形成新质生产力，迫切需要大力培养大国工匠，以大国工匠为引领，加快建设高素质技能人才梯队。

一是制定《工匠人才培育工程实施办法》。坚持目标导向和问题导向相统一，从培育目标要求、基本条件、遴选程序、培育措施、考核评价、组织保障、作用发挥等方面，进一步健全完善培育工作制度。特别是将培育对象从大国工匠延伸至省级工匠、市级工匠，为省、市级工匠培育明确目标任务，提供工作指引；明确大国工匠和省、市级工匠培育对象基本条件，重点面向新质生产力领域，链主企业、头部企业、承担国家重大专项企业、专精特新“小巨人”企业，领航级、卓越级智能工厂等，注重培育数字化、复合型工匠人才；进一步研究完善大国工匠卓越能力（工匠五力）模型；根据大国工匠和各级工匠人才培育工作实践经验进一步调整完善培育举措；制定大国工匠培育考核评价办法和实施细则，对培育对象培育期内的学习成长情况进行全流程、多角度、立体化评价与考核，确保工匠人才培育工作形成完整的工作体系。

专栏三十三

大国工匠卓越能力模型 CNEM515（1.0 版）

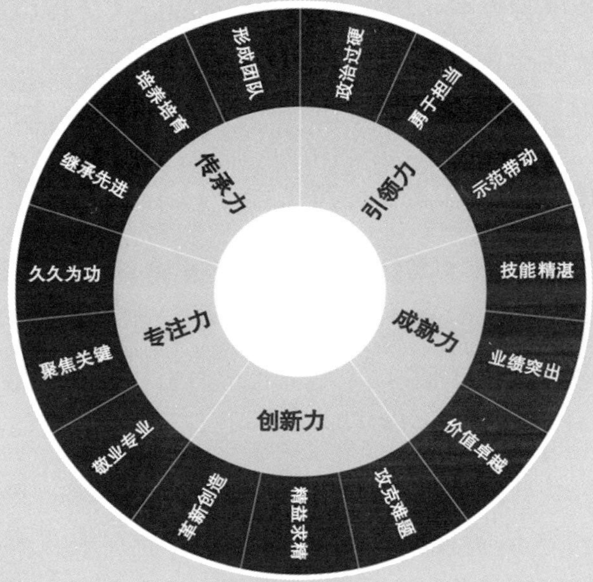

政治过硬。具备坚定的政治立场和忠诚的政治品格，始终同党中央保持高度一致，以实际行动支持国家的建设和发展；积极参与社会服务和公共事务，服务于国家利益和人民福祉。

勇于担当。面对国家重大战略、关键领域和核心技术的挑战时，能够挺身而出，以实际行动推动技术进步和创新发展；在技术攻关、团队协作和社会服务上展现领导力，带领团队克服困难，实现目标。

示范带动。在专业技能、工作态度、创新精神和团队合作等方面树立标杆，通过传授技艺、分享经验，提升整个团队和行业的技术水平；面对挑战时能够激发团队的创造力和战斗力，推动团队不断前进。

技能精湛。拥有深厚的专业知识和技能，在核心业务上达到行业领先水平；熟练运用最新技术和工艺，解决复杂技术难题；能够根据实际需求进行技术创新和改进，推动行业的技术进步和升级。

业绩突出。熟练掌握并创新核心技术，显著提升工作效率或产品质量，在专业领域内展现出卓越的成就和影响力；为解决生产技术难题、提升行业技艺水平作出突出贡献。

价值卓越。通过技术创新和改进，为企业或行业带来显著的经济效益和社会效益；积极参与国家重大项目和关键技术攻关，为国家的科技进步和产业升级作出突出贡献。

攻克难题。面对行业中的棘手问题和挑战时，找到问题的关键并提出有效解决方案；通过反复试验、不断优化，突破技术瓶颈，实现工艺革新，推动科技成果转化和应用。

精益求精。不断追求极致、挑战自我，力求在专业领域内达到最高水平；无论是设计、制造和服务，都力求做到无懈可击，力求在技艺上达到更高的标准，创造出更高质量的产品和更优质的服务。

革新创造。不安于现状，勇于挑战传统、打破常规；不断探索新技术、新方法，推动工艺流程和产品设计的革新；面对行业难题和市场需求，能够提出独到的见解和解决方案，推动技术进步和产业升级。

敬业专业。对从事的工作充满热情，将职业视为使命；不断丰富专业知识、提升专业技能，确保在专业领域内达到顶尖水平；面对复杂困难的挑战时，能够保持冷静和精准，确保工作效率和质量。

聚焦关键。能够准确识别行业或领域内的核心问题和关键技术，聚焦最需要创新和突破的环节；具备敏锐的洞察力和前瞻性思维，能够预见行业发展的趋势和挑战，从而进行有针对性的深入研究。

久久为功。在专业领域深耕细作、日积月累，逐步提升技术水平和创新能力；面对技术挑战和创新难题，能够耐心细致地研究分析问题、制定解决方案，通过持续的努力实现技术的突破和工艺的完善。

继承先进。继承传统工艺的精髓和前辈的宝贵经验，不断吸收现代科技的最新成果；勇于探索新技术、新工艺，推动传统技艺的现代化转型和创新发展。

培养培育。通过师徒制、工作坊等形式，传授知识、经验，培养技能人才；参与制定和实施人才培养计划，为年轻工匠提供实践机会和成长平台；参与课程设计和技能竞赛，推动教育与产业需求紧密结合。

形成团队。通过领导力和影响力，构建高效协作的团队；指导团队成员，促进知识共享和技能互补，激发团队的创新潜能；通过团队合作，实现资源整合和优势互补，推动重大项目的实施和关键技术的突破。

二是扎实做好各级工匠人才培养工作。构建培育单位、推荐单位、企业三级全链条一体化培育模式，聚焦提升培育对象“引领力、成就力、创新力、专注力、传承力”，采用线上与线下相结合、理论与实践并重、导师助学等举措培育各级工匠人才。依托高等院校、职业院校、工匠学院以及大型企业举办工匠人才培训营，建立“测—学—践—评”培训体系，通过专题授课、案例解析、课题攻关、企业参访、实验室参观、经验分享、结构化研讨等形式，有针对性地对培育对象进行系统培训。如2024年在清华大学举办首届

"大国工匠培训营"，是全国总工会实施大国工匠人才培育工程的标志性项目，具有高端引领、交叉协同、数智融合、突出实践、多元学习、系统助力等突出特色。培训期间，采用理论导师和技能导师"双导师"助学的培育模式，邀请著名大国工匠作为技能导师为学员助学。支持培育对象参加研修班、境外培训计划、工匠学院等培训项目。发挥企业主体作用，高标准、高质量、规范化开展省、市级工匠人才培育工作。

三是充分发挥工匠人才示范引领作用。大力弘扬劳模精神、劳动精神、工匠精神，在培育对象立足岗位，传承技能、创新创造基础上，积极组织培育对象参加"劳模工匠助企行""劳模工匠大讲堂"等活动，充分利用"职工之家"APP等数智化平台展示传播培育对象技术技能专长，充分发挥其示范引领作用。定期举办大国工匠创新交流大会暨大国工匠论坛，举办各级工匠人才创新交流活动、创新工作室交流学习活动，为工匠人才展现风采、分享经验、切磋技艺、提升素养、发挥作用搭建平台。为更好地发挥大国工匠品牌效应，全国总工会精心设计了"大国工匠"商标，经国家知识产权局批准，进行了商标注册，拥有商标专用权，受法律保护，他人未经授权不得使用该商标。

专栏三十四

"大国工匠"商标：以我国最具文化特色的印章形式表现。印章代表中国元素和中国特色，结合"大国工匠"四个汉字，以篆刻的形式体现，展现中国自古以来精益求精、一丝不苟的工匠精神。图案同时融合了电路结构元素，寓意着科技的发展，象征在工匠精神的指引下，各行各业的创新发展与无限希望。"大国工匠"商标将作为制作大国工匠相关物品以及开展大国工匠相关活动时的重要标志。

大国工匠
National Great Craftsman

四是做好工匠人才激励保障工作。推动培育合格的大国工匠和各级工匠人才纳入各级党管人才总体安排，给予相应激励保障。全国总工会制定出台《“大国工匠”激励保障措施（试行）》，设立大国工匠培育和激励保障专项资金，比照全国劳动模范标准为大国工匠落实走访慰问、健康体检、疗休养、就医服务等待遇。省、市级总工会根据本地区情况，为省、市级工匠落实相应待遇。企业根据工匠人才实际能力水平研究核定岗位、等级、薪酬等待遇。按照属地管理原则，建立工匠人才常态化联系机制，做好服务管理工作。

二、加强巾帼工匠培养

巾帼工匠是工人阶级中劳动妇女的优秀代表，是兼具精湛技艺、创新能力和传承使命等特征的女性劳动者群体。从瑞金到延安，从解放区到新中国，从改革开放到中国特色社会主义新时代，在革命、建设、改革的历史进程中，广大巾帼工匠、巾帼劳模始终与党同心同行，以“巾帼不让须眉”的豪情努力，带动广大女职工发挥“半边天”作用。特别是进入新时代，各行各业涌现出一批巾帼工匠，她们用时间淬炼本领，用汗水浇灌理想，弘扬工匠精神，坚持技能报国，在重大项目、重要领域中敢为人先，在行业进步、数智升级上引领开拓，彰显巾帼工匠的时代光彩。

近年来，各级工会大力弘扬劳模精神、劳动精神、工匠精神，持续加大对巾帼工匠的团结引领、关心培养，充分发挥巾帼工匠示范引领作用，搭建展示交流平台，积极为巾帼工匠成长创造更好的社会和工作环境。

一是加大巾帼工匠宣传。从2022年起，全国总工会会同教育部、共青团中央、全国妇联等单位开展巾帼工匠宣讲示范活动，讲好巾帼工匠奋斗故事和时代风采，带动各级举办宣讲活动超过6.5万场，3000余万人次收看。编撰出版国内首部聚焦女性劳模专著《中国女劳模》，出版《巾帼劳模时代特征和成长规律研究报告》《征途：巾帼劳模和她们的时代》，发布《她们的征途》宣传片，致敬每一位拼搏奉献的巾帼工匠。

二是强化巾帼工匠培育。全国总工会实施数字赋能工程，印发《女职工数字技能提升方案》，明确提出发挥巾帼工匠作用，通过建设数字工匠学院、数字技能实践基地等，培养一批优秀数字技能能手和带头人。聚焦数字前沿，举办巾帼工匠数字技能培训班，特邀清华大学、中国科学院大学等单位的专家学者，围绕数字中国、人工智能、元宇宙、区块链等内容为巾帼工匠授课，组织巾帼工匠走进实际数字化场景，为她们的成长赋能。鼓励和支持各地充分运用各类培训资源，通过各层级技能培训、劳动和技能大赛选拔、各地工匠学院培养多种途径，建立多层级巾帼工匠培育体系。截至2024年，112位大国工匠中有14位女性大国工匠，占比12.5%，她们以“大术无极”的技艺境界和“大巧破难”的创新魄力，在各行各业生动诠释着工匠精神，如油田里的创新能手刘丽、“电焊花木兰”易冉、以“毫厘精神”托举大国利剑的韩利萍、用科技改变人类生活的数字工匠彭菲等。

三是发挥巾帼工匠示范带动作用。全国总工会推动巾帼工匠创新工作室及联盟建设，在第二届巾帼工匠论坛成立以刘丽领衔的石油石化系统女职工创新工作室联盟，成立电力系统女职工创新工作室联盟和“女焊花”创新工作室联盟，支持她们聚焦行业课题开展系列交流分享活动，带动成立多个跨行业、跨区域创新工作室联盟。积极开展“巾帼工匠助企行”活动，组织大国工匠何光华、彭菲和全国劳模徐川子等巾帼工匠，围绕企业经济技术创新重大难题和关键环节，助力联合开展技能培训、技术交流、课题攻关等。

四是搭建巾帼工匠成长成才平台。举办两届巾帼工匠创新交流展和巾帼工匠论坛，通过实物、图片、视频等形式展示巾帼工匠创新创造成果，涵盖航空航天、高端制造、信息技术、绿色低碳、非遗传承等领域，全景式展示了近年来巾帼工匠创新创造的精彩画卷；邀请巾帼工匠、专家学者、企业家等优秀女性代表，聚焦巾帼工匠成长和发挥更大作用，围绕提升技能素质、搭建创新平台、平衡工作和家庭责任、助力消除后顾之忧等方面展开深度交流，共话“她”力量、“她”作为、“她”担当。

新形势下，加强巾帼工匠人才培养，一是强化精神引领。加大巾帼工匠培育宣传，开展“中国工人大思政课”——“巾帼劳模工匠宣讲”，加强巾帼劳模工匠师资库动态管理和培训服务。二是强化动态培育。融入大国工匠人才培育工程，建立巾帼工匠培育库，通过各层级技能培训、劳动和技能大赛选拔、各地工匠学院培养多种途径，建立多层级巾帼工匠培育体系，探索构建巾帼工匠动态管理机制。三是强化职业赋能。依托互联网平台加大培训资源开放共享力度，注重分类梯级培训课程开发，推进工学一体化巾帼工匠培养模式，支持行业企业、职业院校、巾帼劳模工匠创新工作室等，加强创新型、实用型、数字型巾帼工匠培养培训，推动制造业、人工智能等领域巾帼工匠选育。四是强化创新实践。出台巾帼劳模工匠创新工作室建设工作指引，支持巾帼工匠领衔建设创新工作室及联盟，积极搭建巾帼工匠风采展、巾帼工匠论坛、“巾帼劳模工匠助企行”等展示平台，激励促进更多巾帼工匠在创新实践中脱颖而出。

专栏三十五

巾帼工匠韩利萍：韩利萍是山西航天清华装备有限责任公司加工中心的一名操作工，特级技师，党的十九大、二十大代表，大国工匠。她用匠心和热爱，坚守航天数控加工一线 32 年，获得全国劳动模范、全国五一劳动奖章、中华技能大奖等众多荣誉，为我国航天事业发展作出了卓越贡献。

1 的 365 次方等于 1，1.01 的 365 次方约等于 37.8，0.99 的 365 次方约等于 0.03，成功就在于每天进步一点点。百分之一毫米的丝和千分之一毫米的微米是韩利萍心中的尺寸。韩利萍从一名普通铣工起步，通过自学和勤学苦练逐步掌握技能，成长为精通工艺、编程和操作的复合型高技能人才，用 32 年的坚持与奋斗践行了“产品即人品”的信念，以匠心铸就航天梦，成为新时代巾帼工匠的杰出代表。

三、广泛深入开展工匠宣传

讲好工匠故事，广泛宣传大国工匠的先进事迹，彰显他们在促进经济社会发展中的重要作用，激发高技能人才干事创业的积极性、主动性、创造性。持续做好“大国工匠年度人物”宣传发布、“中国梦·大国工匠篇”主题宣传活动，广泛开展“劳模工匠进校园”活动，推动形成宣传大国工匠制度化、立体化的宣传格局，推动国家设立“工匠日”。推出以大国工匠为主题的文化精品，邀请大国工匠登上央视春晚、“五一”特别节目等具有广泛影响力的舞台，创作大国工匠主题图书和话剧等，在全社会大力弘扬工匠精神，倡导企业培育浓厚的工匠文化氛围。推动党和国家加强对工匠评选表彰的统筹安排，建立省、市各个层级的工匠表彰奖励机制，逐步探索国家层面的大国工匠技能认证制度。鼓励各省结合本地特色打造工匠品牌，形成工匠品牌矩阵和标识体系，不断叫响做实工匠品牌。

专栏三十六

工匠品牌矩阵

国家层面	大国工匠	
部委层面	国务院国资委开展“央企工匠”培育工程，各中央企业结合实际自行开展本企业的工匠培育工程	
地方层面	省级	地市级
北京	北京大工匠	朝阳工匠、海淀工匠等 12 项
天津	海河工匠（原设津门工匠）	滨海工匠、东丽工匠等 9 项
河北	河北大工匠、河北工匠	邢台工匠、港城工匠等 7 项
山西	三晋工匠年度人物	晋阳工匠、大同工匠等 12 项
内蒙古	北疆工匠	包头工匠、兴安工匠等 7 项
辽宁	辽宁工匠	盛京大工匠、大连工匠等 12 项
吉林	吉林工匠	白城工匠、白山工匠等 9 项

续 表

地方层面	省级	地市级
黑龙江	龙江工匠	哈尔滨大工匠、鹤城大工匠等13项
上海	上海工匠	浦东工匠、闵行当代工匠等16项
江苏	江苏大工匠、江苏工匠	南京工匠、龙城工匠等14项
浙江	新时代浙江工匠（人才培育计划，原设浙江工匠）	杭州工匠、宁波工匠等22项
安徽	安徽工匠年度人物、安徽工匠	合肥工匠、亳州工匠等22项
福建	八闽工匠	福州工匠、漳州工匠等11项
江西	赣鄱工匠、能工巧匠（江西省优秀高技能人才）	庐陵工匠、瓷都工匠等10项
山东	鲁班首席工匠、齐鲁大工匠、齐鲁工匠；齐鲁巾帼工匠；山东交通大工匠、山东交通工匠；山东手造大工匠、山东手造工匠	济南工匠、青岛大工匠等46项
河南	中原大工匠	郑州大工匠、开封工匠等20项
湖北	荆楚工匠	大城工匠、东楚工匠等6项
湖南	湖湘工匠年度人物	长沙工匠、衡州工匠等14项
广东	南粤工匠	羊城工匠、深圳工匠等20项
广西	广西工匠	南宁工匠、柳州工匠等14项
海南	南海工匠（原设天涯工匠）	三亚工匠
重庆	最美巴渝工匠（原设巴渝工匠）	沙磁工匠、九龙工匠等24项
四川	四川工匠	成都工匠、甜城工匠等16项
贵州	贵州工匠、黔酒茶绣工匠	遵义工匠、安顺工匠等17项
云南	云岭工匠	乌蒙工匠、玉溪工匠等6项
西藏	西藏工匠	
陕西	三秦工匠	西安工匠、宝鸡工匠、陕西省产业工匠人才等10项
甘肃	陇原工匠	金城工匠、雄关工匠等24项

续 表

地方层面	省级	地市级
青海	青海高原工匠	海西工匠、油田工匠、电力工匠等 7 项
宁夏	选树“塞上工匠”	凤城工匠等
新疆	新疆工匠年度人物	庭州工匠、伊犁工匠等 3 项
中华全国铁路总工会	铁路工匠	哈铁工匠、京铁工匠、中国中铁工匠、高铁工匠等 20 项
中国金融工会	金融工匠	中银工匠（中国银行）、中国工商银行“大行工匠”、中信工匠等 3 项
中国海员建设工会	全国交通建设工匠	
中国能源化学地质工会	能源化学地质系统大国工匠	
中国国防邮电工会	2023 年度电信行业工匠	
中国财贸轻纺烟草工会	轻工大国工匠、中国纺织大工匠	
中国农林水利气象工会	绿色生态工匠	

第三节　吸引更多青年加入产业工人队伍

《意见》提出：“加强政策支持和就业指导、就业服务，搭建校企对接平台。改善工作环境和劳动条件，丰富精神文化生活，增强制造业岗位对青年的吸引力。搭建产业工人成长发展平台，引导更多大学生走技能成才、技能报国之路。”

习近平总书记指出："中华民族伟大复兴终将在广大青年的接力奋斗中变为现实。"青年是产业工人队伍的"源头活水"，是不断壮大产业工人队伍、提升产业工人队伍整体素质的生力军。但从当前情况看，年轻人不愿进工厂、当工人的现象还比较普遍，《中国人口和就业统计年鉴》数据显示，在城镇制造业就业人员中，50 岁及以上者占比从 2006 年的 9.7% 升至 2023 年的 24.2%，34 岁及以下者占比从 2006 年的 49.4% 降至 2023 年的 30.7%。经济社会可持续发展的关键是人才的可持续发展，吸引更多青年加入产业工人队伍，激励更多青年走技能成才、技能报国之路，关乎产业工人队伍发展壮大，关乎制造强国战略实施和高质量发展。

一、搭建校企对接平台

青年群体普遍认为传统制造业工厂对技能要求较高，但薪酬待遇较低、工作单调枯燥，从而转向工作自由度较大、收入较高的新就业模式就业。同时，制造业企业与在校学生之间的职前沟通不够深入，导致青年群体对制造业企业特别是新兴产业、灯塔工厂的工作环境、职业发展等情况缺乏充分了解。为此，要全方位搭建校企对接平台，帮助更多青年人加入产业工人队伍。

一是加强职前对接与交流服务。创新社会实践、志愿服务、跟岗锻炼、联建交流等多种形式，引导青年特别是高校毕业生，深入先进制造业企业开展职业体验，不断增强青年对制造业岗位的认同。深入开展"劳模工匠进校园"行动，大力宣传制造业典型模范人物的先进事迹和卓越成就，引导青年逐步改变对制造业岗位的刻板印象，激励更多青年人走技能成才、技能报国之路。

二是加强就业见习指导服务。动员先进制造业企业结合实际需求，建设就业见习基地，开发具有针对性、高质量的见习岗位，广泛吸纳高校毕业生等青年开展就业见习等活动，按规定落实就业见习补贴政策。做好协议签订、岗前培训、待遇保障、专人带教、权益维护等工作，对见习人员见习期满留用率在50%以上的单位，可适当提高见习补贴标准，优先推荐参加国家级就业见习示范单位创建活动。

三是完善人才供需对接平台。持续举办全国人力资源市场高校毕业生就业服务专项行动、国聘行动等品牌活动，集中提供优质岗位，聚焦各类毕业生求职和制造业等重点产业、重点领域用工需求开展各类专场招聘活动，提升制造业人才供需匹配效率。建设市场化就业服务平台，聚焦当地中心工作和重点领域，提供招聘对接、余缺调剂、技能实训、能力测评等服务，形成以就业服务和产业人才配置为主要内容的服务体系。加强人力资源市场信息监测，按季度组织实施人力资源市场“一线观察”项目，依托市场机构招聘数据及业务情况，对高校毕业生等重点求职群体的就业和流动配置情况进行监测分析，为做好就业服务工作提供参考建议。

二、积极改善工作环境和劳动条件

当前，产业工人普遍面临工作时间长、强度大、环境不佳、薪酬待遇偏低的困境。随着新就业形态兴起，年轻人的择业观出现较大变化，在择业时也面临更多选择。要着力引导制造业企业改善工作环境和劳动条件，丰富精神文化生活，更好地满足青年对就业岗位、职业发展的期待和需求。

一是探索建设青年友好型工厂。通过加强企业用工指导、劳动监察、企业行业集体协商、民主管理等，推动制造业企业改善工作环境和用工条件，依法保障产业工人劳动报酬、休息休假、社会保险、福利待遇等合法权益。加强标准化规范化厂房建设，支持企业对生产车间开展降噪、除尘、制冷、去污等，支持园区或企业推广建设标准化单间宿舍。加快自动化设备、工业机器人等技术深度应用，有步骤地推动简单重复、安全风险高、作业环境差、劳动强度大等工作岗位机器人替代。

二是不断满足青年产业工人个性化需求。依托职工之家建设，聚焦青年产业工人在婚恋交友、子女看护、个人成长、休闲娱乐等方面的个性化需求，为青年产业工人提供贴心暖心服务，丰富精神文化生活。鼓励大型制造业企业举办托育、教育、医疗等机构，支持产业园区或企业建设产业工人文化娱乐休闲设施，鼓励有条件的地区对制造业从业人员购买社会化服务给予适当补贴，加大对产业工人服务保障力度。

三是加强制造业企业用工指导。依法保障产业工人劳动报酬、休息休假、社会保险、福利待遇等合法权益。指导先进制造企业建立内部争议协商解决机制，深入开展青年仲裁员志愿者联系企业活动，及时发现劳动用工法律风险，提高依法合规经营管理水平。积极协调有关部门，聚焦先进制造业集中的高新区、工业园区，完善基础设施，优化生活、文化、娱乐等园区功能，帮助解决住房、医疗、子女教育等诉求，增强基本公共服务可感可及程度。

第四节　把农民工培养成高素质现代产业工人

《意见》提出：“围绕产业转型升级，加强对农民工的技能培训，广泛实施求学圆梦行动。促进农民工融入城市，进一步放开放宽城市落户政策，促进进城农民工平等享有城镇基本公共服务。加大公益法律服务惠及农民工力度，保障合法权益，促进稳定就业。”

农民工是产业工人队伍的主体，是社会主义现代化建设的重要力量，是促进人口高质量发展和实现共同富裕的重点群体。国家统计局数据显示，2023 年全国农民工总量超 2.97 亿，其中 45.5% 集中在第二产业，占全国第二产业就业人数的 62.9%。促进农民工权益保障与素质提升，推动农民工市民化，不仅是近 3 亿农民工群体的生存、发展问题，也不仅是产业工人队伍建设问题，更是事关中国经济社会发展和现代化建设的大问题。

习近平总书记十分重视农民工的权益保障与素质提升问题，强调关心、关爱农民工，维护农民工合法权益，“要最大限度把农民工吸收到工会中来，使他们成为工人阶级坚定可靠的新生力量”。近年来，相关部门通过开展“春潮行动”“求学圆梦行动”“城暖农民工”“春暖农民工”“新双 15 工程”等一系列品牌活动，放宽农民工落户限制，提升农民工技能水平，加强农民工服务保障，努力把更多农民工培养成高素质现代产业工人。

一、加强对农民工的技能培训

当前我国农民工群体的总体受教育程度不高，技能水平偏低。《2023 年农民工监测调查报告》显示，2023 年所有农民工中拥有大专及以上学历的仅占比 15.8%，初中及以下文化程度的则高达 66.7%。作为产业工人主体，农民工技能素质的提升对于深化产业工人队伍改革、推动中国经济高质量发展的重要性不言而喻。

自 2003 年起，国家陆续发布《2003—2010 年全国农民工培训规划》《关于进一步做好农民工培训工作的指导意见》《农民工职业技能提升计划——“春潮行动”实施方案》《农民工学历与能力提升行动计划——“求学圆梦行动”实施方案》《新生代农民工职业技能提升计划（2019—2022年）》《关于加强农民工职业技能培训工作的意见》等一系列专项文件，对农民工技能培训与素质提升作出专项部署。

一是建立健全农民工技能培训体系。深入实施《农民工职业技能提升计划——“春潮行动”实施方案》，向农民工提供普惠制、普及性技能培训服务。依托技工院校、职业院校、企业培训机构、就业训练中心、民办职业培训机构等教育培训机构，采取政府购买服务培训方式，对农村新成长劳动力和拟转移到非农产业务工经商的农村劳动者开展专项技能或初级技能培训。鼓励企业依托所属培训机构或政府认定的培训机构，根据行业特点和岗位技能需求，结合技术进步和产业升级对产业工人技能水平的要求，对已在岗农民工开展岗位技能提升培训，对具备中级以上职业技能等级的在岗农民工开展高技能人才培训。依托创业培训机构，结合当地产业发展和创业项目，对有创业意愿并具备一定创业条件的农村转移就业劳动者开展提高其创业能力的创业培训。

二是加强农民工技能培训基础建设。结合区域经济发展，围绕农村转移就业劳动者集中的产业行业，选择现有技工院校、职业院校、企业培训机构、就业训练中心、民办职业培训机构等教育培训机构，择优确定承担政府补贴性职业培训任务的定点培训机构。依托定点培训机构，建设农村转移就业劳动者职业技能实训基地和创业培训基地。工会协同人力资源部门、科研机构、企业、培训机构加强对农民工技能水平、技能需求的调研，对智能化、数字化条件下技能内涵变化以及市场对技能人才需求情况进行深入研究，确定和开发适合不同类型农民工的、符合企业和市场需求的技能培训课程内容，探索适合农民工特点的技能培训方式，并及时收集学员对培训效果的反馈。工会、人力资源部门、培训机构合作建立和管理农民工技能培训信息共享平台，及时公布紧缺职业目录、培训机构目录、培训课程目录、技能补贴类型，保障信息的充分性、及时性和真实性。

三是深入实施“求学圆梦行动”。认真落实全国总工会、教育部、人力资源社会保障部、全国工商联印发的《关于广泛实施求学圆梦行动 推进产业工人学历与能力提升的意见》要求，构建覆盖广泛、内容丰富的学习网络，探索为农民工、新就业形态产业工人提供普惠制、普及性教育培训的有效方式。各省（区、市）加强部门协同，公开遴选参与院校，确定学历继续教育招生专业和计划、技能培训项目与规模。强化各级监督指导和过程管理，施行项目申报、年度报告、绩效评价制度。加大经费投入，建立经费奖补和多方筹措机制，设立求学圆梦职工公益基金项目，积极争取社会资源支持。加强宣传推广，建立求学圆梦行动信息服务平台，动态发布国家及各省相关政策信息。

二、促进农民工融入城市

农民工市民化不仅关乎社会公平正义、和谐稳定，还是保证农民工实现稳定就业的重要保障。2016 年 5 月，习近平总书记在中央财经领导小组第十三次会议上的讲话中指出：“从事制造业的农民工达到八千六百多万人，只有让他们长期专注于某一领域的专业技能，才能不断提升技能，也才能成为中等收入者，为此要大力推进农民工市民化。”

新时代以来，为了更好地促进农民工融入城市，党和国家先后出台了《国家新型城镇化规划（2014—2020 年）》《关于进一步做好为农民工服务工作的意见》《保障农民工工资支付条例》《关于开展“城暖农民工”服务活动的通知》等制度文件，对农民工在户口、住房、医疗、子女教育、社会公共服务等方面提供了有力支持，有效维护了农民工的合法权益保障，促进了社会公平正义。要通过进一步放宽农民工落户限制、加强农民工权益保障与就业服务、扩大公共服务有效供给、提升公共服务均等化水平，持续推进农民工更好地融入城市。

一是进一步放宽农民工落户限制。根据城市的承载能力和发展水平，制定差异化的户籍落户政策。大城市可以通过积分制度来控制人口规模，而中小城市和小城镇应大力放宽落户限制，鼓励有条件的地方取消人才市场、众创空间等单位设立集体户限制，推行乡镇（街道）或村（社区）设立公共集体户，便利各类人员落户。推广电子居住证制度，建成以电子居住证为载体、与居住年限等条件相挂钩的基本公共服务提供机制，确保农民工在教育、医疗、就业等方面享有与本地居民相同的权利，有效推动农民工市民化和促进经济社会发展。

二是提升城镇基本公共服务均等化水平。推动将符合条件的农业转移人口纳入住房保障体系，加大公租房的建设和分配，尽最大努力为农民工提供住房保障。对于低收入的农民工家庭，政府可提供廉租房或者给予租金补贴。在保障性住房的分配中，对长期在城市工作和生活的农民工应予优先，尤其是那些有家庭和子女在当地就学的农民工。强化公共服务的资金投入，共同推进农民工公共服务体系的完善。提高社会保障水平和统筹层次，畅通参加社会保障渠道，重点解决不同地区、不同行业、不同单位之间流动的社会保险关系转移接续问题，提高农民工参保率和便捷性。

三是切实保障农民工劳动经济权益。完善工会与人社、公安、检察、法院等部门的多方联动与协同调处机制，加强对农民工的法律援助与劳动监察力度，持续推动治理拖欠农民工工资问题，及时调处与农民工劳动经济权益相关的劳动争议。创建维权服务新就业形态劳动者、农民工工作体系，常态化开展“解决农民工欠薪、工会在行动”活动。对重大劳动保障违法行为向社会公布，推进拖欠农民工工资失信联合惩戒名单管理工作，依法依规开展多部门联合惩戒。规范企业用工制度，强化劳务派遣常态化监管措施，保障农民工合法权益。

四是强化农民工就业服务。加强公共就业和人才服务体系建设，为农村转移就业劳动者提供职业培训政策信息咨询、职业指导和职业介绍等服务，促进其实现就业和稳定就业。加强对农村转移就业劳动者的创业指导和创业服务，强化创业培训与小额担保贷款等扶持政策及创业咨询、创业孵化等服务手段的衔接，提升其创业成功率。定期开展农民工专场就业招聘会，为农民工与雇主搭建直接沟通的桥梁，增加就业机会。

典型案例十七

全国总工会举办大国工匠人才培训营

为贯彻落实习近平总书记重要讲话精神和党中央有关决策部署，

2024年9月9日，大国工匠人才培训营一期开班式在清华大学举行，首批220名大国工匠培育对象开始接受为期一年的线上线下培训。

一、坚持高起点

坚持“推选高起点学员、配备高水平师资、输出高质量成果”，引导培育对象深入学习贯彻习近平新时代中国特色社会主义思想，强化家国情怀，提高政治站位；聚焦国家重大战略、重大科技项目和重大工程领域的关键成就及前沿布局，立足技术而超越技术；注重人文情怀、科学精神、战略思维的传递，激发其创新意识、前瞻意识、战略意识，提升认知格局；设置各行各类专业技能课程，提升培育对象的专业素质能力；通过培育创新管理的思维与方法，以及创新培训营的联合攻关等，适配新质生产力的能力需求。

二、坚持高标准

在清华大学举办大国工匠人才培训营是全国总工会实施大国工匠人才培育工程的标志性项目，具有高端引领、交叉协同、数智融合、突出实践、多元学习、系统助力等突出特色。培训营为大国工匠培育对象建立了“测—学—践—评”的学习体系，培育前为每位对象绘制“工匠五力”画像，通过针对性培训，使培育对象强优势、补短板。培训期间，采用理论导师和技能导师“双导师”助学的培育模式，邀请著名大国工匠作为技能导师为学员助学。师资方面，除清华大学专业授课老师以外，邀请中国工程院院士、有关部委领导、中央广播电视总台特约评论员等著名专家学者，以及其他单位的知名导师为学员授课。此外，还安排了到人工智能实验室、智能制造实验室参观学习，以及创新课题研讨和专家导师指导等内容。

三、坚持高质量

大国工匠人才培训营强调既出人才也出成果，培训过程采用统一工作平台，对学员在学习参与、攻关课题、作业完成、加分奖励等方面进行跟踪评价，确保培育对象在“工匠五力”方面得到大幅度提升锻炼，着力培养造就一批堪当中华民族大厦的基石、栋梁和“顶梁柱”的大国工匠。同时，通过培育过程解决一些行业/企业技术难题，创造一些新的先进操作法、工作法，产生一批优秀创新成果。培育过程还注重发挥大国工匠的示范带动作用，大力弘扬劳模精神、劳动精神、工匠精神，传承工匠技术技能，激励更多职工走技能成才、技能报国之路。

典型案例十八

构建多元激励机制 奋力打造“工匠之城”

山东省青岛市以深化产业工人队伍建设改革为抓手，积极构建政策、赋能、创新等多元激励机制，大力培育高素质产业工人，全方位打造“工匠之城”。

一、优化政策激励，让更多产业工人由“工”变“匠”

一是强化顶层设计。健全以大国工匠为龙头，以齐鲁工匠为引领，以青岛工匠为主体的培育模式，累计培育人民工匠 1 人、大国工匠 4 人，带动各级培育工匠 9500 余人。市人大通过决议，将 7 月 26 日设立为“青岛工匠日”，在全社会营造崇尚劳动、尊崇工匠的浓厚氛围。二是推动竞赛建功。每年围绕重大工程、重大项目等开展 3000 余场次“六比一创”劳动竞赛，150 余万职工参赛。聚焦重点产业链，每年联合有关单位举办100余项市级行业性技能竞赛，打造“匠心向党、技能强市”品牌。三是优化成长环境。大力开展庆祝青岛工匠日系列活动，组织劳模工匠宣讲900余场，开展学习人民工匠许振超“争当工匠人才”宣传教育活动，引导产业工人胸怀强国之志、锤炼强国之技、勇建强国之功。

二、深化赋能激励，大力实施工匠学院建设行动

一是建强工匠学院联盟。搭建4个工匠学院、1个产改研究院、1个职工赋能中心和N个头部企业工匠学院组成的“4+1+1+N”职工赋能体系，建成省、市、区、企业四级联动的工匠学院联盟，推动人才链、教育链、产业链、创新链有机融合。二是做实“劳模工匠助企行”活动。组建青岛市先模服务队，深入企业开展技术交流400余场次，组织开展“百名工匠服务千家企业”技术服务、培训赋能等活动近1000场次，发挥工匠人才示范引领作用。三是健全产业工人终身教育培训体系。完善产业工人“订单式”培养，建立产教融合型实训基地55个，帮助1000余名一线职工、技能人才“求学圆梦”，聘请114名劳模工匠担任职业学校兼职导师，打造培养工匠人才的“金色摇篮”。

三、强化创新激励，构建“五位一体”职工创新创造体系

一是培育职工全员创新生态。搭建全员创新企业、劳模工匠创新工作室、创新型班组、创新能手、创新成果“五位一体”职工创新体系，每年出资1000余万元，累计培育市级以上全员创新企业70家、劳模创新工作室270个。二是推进群众性技术创新活动。鼓励职工围绕生产工艺改进、设备维保等，常态化开展“五小”创新活动，海尔集团“人单合一”、青岛港“五小”管理体系等案例全国推广。三是推动工匠人才参与科技攻关。引导高技能领军人才“揭榜领题”，积极参与重大生产决策和技术攻关，2024年全市职工取得国家发明专利9097项、增长8%，提质、降耗、增效32.2亿元。

典型案例十九

促进农民工融入城市 壮大产业工人队伍

广东是全国农民工第一大省，农民工数量占全国1/10左右。近年来，广东省着力促进农民工融入城市，不断壮大产业工人队伍，推动产业工人队伍建设改革走深走实。

一、高度重视，系统谋划布局

广东省委将“推进新时期产业工人队伍建设改革”和“开展农民工融入城市试点”工作列为全面深化改革重点任务。省产改推进机构印发《关于开展广东省产业工人队伍建设改革试点工作的通知》，明确“促进农民工融入城市”试点工作以深圳市为主，辐射珠三角，覆盖全省，将试点城市从1个增加至21个，扩大试点覆盖面。广东省总工会将“促进农民工融入城市”作为工会考核的重要内容，要求各地级以上市制定试点工作方案、推动试点工作、定期上报总结和亮点材料。

二、多方施措，推进农民工落户城镇

各地市不断推动农民工落户城镇和保障农民工随迁子女平等接受教育工作，及时调整完善落户政策，形成“人居住哪里，户口就登记到哪里”的户口登记新常态，积极推进以居住证为核心的农民工服务管理制度和以居住证为载体的基本公共服务“一证通”。在保障农民工随迁子女入学方面，建立完善以居住证为主要依据的随迁子女入学政策。此外，广东省大力发展公共租赁住房、保障性租赁住房、共有产权房，主要面向包括农民工在内的新市民群体供应。截至2021年底，全省累计筹集保障性租赁住房27.8万套，共有产权住房9.26万套，供应共有产权住房3.4万套。

三、构建和谐劳动关系，维护农民工合法权益

健全党委政府领导、人社部门牵头、部门各负其责的欠薪治理工作机制，大力开展根治拖欠农民工工资冬季专项行动。26个产改成员单位联合开展专项执法检查，对查实的欠薪违法案件实现“两清零”，对重大欠薪违法行为实施联合打击。省总工会充分发挥工会律师团作用，通过律师入企、“工会＋法院”调解等多种形式免费为有需要的农民工维权，组织开展“尊法守法·携手筑梦”服务农民工法律服务行动，深入农民工集中的工业园区等地开展普法宣传。

四、做好关爱服务，让农民工有更多获得感幸福感安全感

强化农民工就业服务，出台灵活就业人员服务管理办法，对包括农民工在内的灵活就业人员实行承诺制失业登记，平等享受就业创业扶持政策服务，积极开展“南粤春暖”“百日千万网络招聘专项行动”等各类专项服务活动，帮助城乡各类求职者尽快找到合适的就业岗位。深入实施职业技能提升行动，免费开展线上线下适岗培训，全面提升包括农民工群体在内的产业工人技能水平，特别是在“粤菜师傅”“广东技工”“南粤家政”三项工程中，全力打造广东农民技能培训金字招牌，带动农民工实现就业创业。

典型案例二十

打造《“冀”高一筹》新模式 展现产业工人新风采

河北省以电视节目为平台，以融媒体矩阵为载体，推出《“冀”高一筹》职业技能创新大赛融媒体节目，把传统的职工职业技能大赛搬上电视荧屏，引领更多职工群众走技能成才、技能报国、技能兴冀之路。该节目观看总数超过3.5亿人次，全网流量突破8.35亿次，在全国职业竞赛类节目融合传播指数列第二位，国家广电总局在其核心刊物《广电时评》发文并点赞，国家卫生健康委、国家消防救援局、国家中医药管理局给予充分肯定。

一、部门联动，搭建多领域竞赛平台

围绕党政关心、社会关注的领域，先后开展急诊护士大赛（设置胸痛、卒中、创伤等赛道）、中医药大赛（设置四诊合参、针灸、推拿、中药等赛道）、消防大赛（设置高层居民楼、仓储物流场所、人员密集场所、老旧小区等赛道）、家政服务大赛（设置家务服务、整理收纳、养老护理、育婴、家庭保洁等赛道）等，在联合联动中找到了工会工作与每个部门关注点的最佳结合点，提高了工会服务大局贡献度。

二、专家护航，打造标准化竞赛体系

坚持高起点谋划，高标准制作，邀请国内、省内相关行业的专家学者和国家、省级大赛获奖代表，对每个赛项、每场比赛赛什么、谁参赛、怎么赛等内容和环节深入反复进行座谈讨论，逐一推敲、达成共识。在此基础上，形成比赛方案和节目录制脚本。在赛制安排上，大赛汇集全省各行业最顶尖的力量，首次以“多赛道”形式展开竞赛。在呈现方式上，力求还原最真实生产劳动场景，用最精彩的镜头对准最具代表性的行业技能和最优秀的选手，多角度展示产业工人专业素养和职业风采。

三、多维创新，构建沉浸式竞赛范式

推动各市或相关行业精心开展线下比赛，通过层层比赛、逐级选拔，确保大赛和节目质量。邀请业内国家级、省级高水平专家学者担任评委，保证比赛的权威性和严肃性。在公平公正、真比真赛的同时，把知识普及嵌入比赛环节，让观众看后有所学、有所获。讲解员大赛通过营造大型沉浸式实景比赛现场，把河北悠久的历史文化和丰富的文旅资源以生动有趣的样貌讲述给观众；消防大赛采取“片头＋公益广告、片中＋常识科普、片尾＋互动街采”的方式普及消防安全常识；中医药大赛邀请国医大师、全国名中医等知名专家对大赛进行点评并科普中医药知识。

第八章　合力推进产业工人队伍建设改革

深化产业工人队伍建设改革是一项综合性、全局性的系统工程，涉及经济、政治、文化、社会建设等领域，政策性强、影响力大，必须不断强化多方联动、紧密配合、齐抓共管的合力。《意见》站在党和国家工作大局的高度，对加强组织领导和统筹协调提出明确要求，着力构建党委领导、政府推动、企业落实、社会支持、各级工会牵头的全面推进格局，确保产业工人队伍建设改革工作集中统一、群策群力、一体推进。

第一节　强化组织保障

《意见》提出："各级党委和政府要加强对产业工人队伍建设改革的组织领导，强化统筹协调，结合实际抓好本意见贯彻落实。各级工会要牵头抓总，各级产业工人队伍建设改革组织推进机构要加强分类指导，推动形成工作合力。推动促进产业工人队伍建设方面的立法。"

产业工人队伍建设改革实施以来，各级高度重视，强化组织领导，为推进改革提供坚强组织保证。在全国层面，根据党中央要求，全国总工会会同中央组织部、国家发展改革委、教育部、工业和信息化部、财政部、人力资源社会保障部、国务院国资委等 8 部委作为成员单位，中央宣传部等26个部委作为参与单位，成立推进产业工人队伍建设改革协调小组，建立健全工作机制，加强研究部署和协调推进。在地方层面，各地采取成立组织推进机构、定期召开联席会议等形式，制定方案规划，狠抓工作落实，形成强大合力。新形势下，要进一步加强组织领导，压紧压实责任，确保党中央改革决策部署见到实效。

一、加强对产业工人队伍建设改革的组织领导

深化产业工人队伍建设改革是各级党委和政府的重要政治责任。必须发挥党总揽全局、协调各方的领导核心作用，把全心全意依靠工人阶级的方针落实到政策制定、工作推进全过程。

一是始终坚持高位推动。党政主要负责同志是深化改革的关键，要把深化产业工人队伍建设改革作为“一把手”工程，履行好第一责任人职责，经常听取工作汇报，研究推动解决矛盾问题，做到重要任务亲自部署、关键环节亲自把关、落实情况亲自督查，既要挂帅、更要出征，切实把深化产业工人队伍建设改革作为深刻领悟“两个确立”的决定性意义、增强“四个意识”、坚定“四个自信”、做到“两个维护”的具体行动。党委和政府要加强和改进对工会工作的领导，及时帮助解决组织协调过程中的实际困难，为工会履行牵头抓总职责给予大力支持。要加强统筹、整体推进，把产业工人队伍建设改革纳入党委、政府重要议事日程，纳入经济社会发展规划，为高质量发展提供有力人才保障和技能支撑。

二是建立健全工作机制。制度机制是管根本、管全局、管长远的。要建立健全统筹协调机制，加强各级产业工人队伍建设改革组织推进机制建设，增强全局意识，打破部门界限，强化资源整合，

不断完善党委领导、工会牵头和政府有关部门、群团组织、社会组织共同参与的组织协调机制。要建立健全协作推进机制，充分发挥各部门、各单位的优势，结合实际开展项目合作，特别是对于涉及产业工人队伍的政策举措，相关部门在研究制定时要加强事前沟通协商，确保政策衔接、联动，在督促落实时要开展联合行动，确保改革举措落地见效。要建立健全工作队伍建设机制，配齐配强工作力量，常态化组织专题培训，完善培养、使用、激励机制，增强推进产业工人队伍建设改革的执行力、战斗力。

三是加大检查督促力度。要完善评价指标体系，坚持定性与定量相结合，科学合理、动态调整，将产业工人的获得感作为重要标准。要优化组织方式，把集中评价与日常检查相结合，把评价检查与党建考核、绩效考核、政治巡视等相结合，切实提高工作效率。要用好评价结果，对成效显著的单位要按规定给予表彰奖励，对工作长期在低层面徘徊的单位要帮助分析原因，制定整改方案，做到以考促改、以考提质。

二、工会要认真履行牵头抓总职责

新修订的《工会法》把推动产业工人队伍建设改革明确为工会组织的法定职责，《意见》明确要求各级工会牵头抓总，这些都是党中央对工会的充分信任，必须责无旁贷、勇挑重担、狠抓落实。

一是强化责任担当。各级工会要充分认识深化产业工人队伍建设改革的重大意义，把深化产业工人队伍建设改革作为一项重要的政治任务，作为新形势下推进工会工作创新发展的重要抓手，把思想和行动统一到党中央决策部署上来，以高度的政治自觉和强烈的使命担当，履职尽责、守正创新、攻坚克难，发挥好牵头抓总作用，把产业工人队伍建设改革不断引向深入。

二是主动沟通协调。工会牵头抓总的关键是加强统筹协调，凝聚各方力量，强化工作合力。要加强请示汇报，积极争取党委和政府的大力支持。要广泛开展大走访、大交流活动，针对改革中面临的重点难点问题与相关部门、社会组织等加强沟通协商，密切协作，共同抓好工作落实。要加强与人大代表、政协委员的沟通，发挥总工会界别代表委员作用，推动涉及产业工人的举措纳入国家、地方政策制定全过程，在全社会形成支持改革、参与改革的浓厚氛围。

三是明确企业工会的职责和定位。企业工会是本企业组织推进产业工人队伍建设改革的牵头部门。企业党委或管理层要加强统一领导，用好职工代表大会、职工董事、集体协商等平台机制，给予工会积极支持，赋予相应的财权、事权；企业工会要承担好推进产业工人队伍建设改革的日常工作，总结好工作中取得的经验做法，并结合实际推动上升为企业制度性安排，实现企业和产业工人共建共享、双向奔赴。

三、加强对产业工人队伍建设改革的分类指导

习近平总书记多次强调，改革工作要先立后破、因地制宜、分类指导。各地、各产业、各企业面对的实际情况不同，所处发展阶段不同，拥有的资源禀赋不同。要加强分类指导，支持各地、各产业、各企业结合实际创新发展、打造品牌，让改革更有针对性和实效性，让更多产业工人享受到改革的实惠。

一是统筹兼顾、科学分类。从地域层面，要充分考虑各地经济社会发展水平、产业结构、产业工人队伍特点等，参照产业工人队伍建设改革评价考核结果，对各地区、各产业组织推进情况进行排

序和分类。从企业层面，要认真梳理本地区、本产业企业实际，按不同所有制、规模、行业领域和工作情况进行分类。从问题层面，要综合运用座谈走访、蹲点调查以及大数据、云计算等多种方式，全面了解掌握当前推进产业工人队伍建设改革面临的突出问题、产业工人“急难愁盼”问题等，形成问题清单。

二是加强研究、分类施策。各级产业工人队伍建设改革组织推进机构要充分发挥平台机制作用，全面把握改革面临的形势任务和重点难点问题，强化对地方、产业工会的跟踪指导，及时发现和总结推广好的经验和做法，协调解决难点问题。对工作进展好的地方和企业，要指导结合实际，叫响做实品牌工作，在深化改革中取得新的更大成效；对工作一般的地方和企业，要指导增强创新意识，学习先进、查找不足，进一步加大工作力度；对工作滞后的地方和企业，要指导提高思想认识和政治站位，激发其内生动力，找准改革取得突破的路径，从领导机构设置、方案制定、力量配备、工作举措等环节逐一指导。

三是深化交流、互学互鉴。推进产业工人队伍建设改革协调小组要注重工作交流，通过召开现场推进会等方式，组织各地、各企业进行现场观摩，让各地、各企业在处理共性问题时进行借鉴，进一步提高认识、明确思路。探索优秀地区、企业和后进地区、企业进行一帮一结对共建，激发后进单位的积极性主动性，量身定制工作方案，争取迎头赶上。要扎实开展试点工作，发挥试点先行先试、示范引领作用，以点带面、整体推进。

四、提高产业工人队伍建设改革法治化水平

改革和法治如鸟之两翼、车之两轮，相辅相成、相伴而生。深

化产业工人队伍建设改革，必须加大法治建设力度，确保工作合法性和可持续性，为产业工人队伍建设改革提供法治保障。

要坚持依法依规深化改革，严格落实中共中央、国务院印发的《新时期产业工人队伍建设改革方案》《意见》，以及《工会法》《劳动法》《职业教育法》等，确保各项工作在法治轨道内运行。大力推动产业工人队伍建设改革方面的立法，2023 年 8 月，十四届全国人大常委会立法规划将制定《产业工人队伍建设法》列入第二类项目，即“需要抓紧工作、条件成熟时提请审议”的立法项目，要加快推动立法进程，形成让广大产业工人普遍叫好的法律制度。各地要推动成功经验做法和政策举措上升为地方法律法规，不断完善法治体系，推动解决广大产业工人“急难愁盼”问题。要加强执法检查，各级人大常委会机关、政府部门要按规定对涉及产业工人的相关法律法规开展执法检查，加大对违法行为的查处力度，确保有法必依、违法必究；全面推行工会劳动法律监督“一函两书”制度，加强工会劳动法律监督员、劳动保护监督检查员、劳动争议调解员、劳动争议兼职仲裁员队伍建设，切实发挥积极作用。

第二节　发挥企业作用

《意见》提出：“强化国有企业政治责任，充分发挥中央企业和地方大型国有企业带动作用。支持民营企业更好履行社会责任。鼓励企业将产业工人队伍建设改革情况纳入企业社会责任报告、可持续发展报告。发布推进产业工人队伍建设改革蓝皮书。对推进产业工人队伍建设改革成效显著的企业，各级党委和政府以及工会等按规定予以表彰和相应政策支持。”

企业是产业工人的主要聚集地，是深化产业工人队伍建设改革的“最后一公里”。产业工人队伍建设改革只有得到企业的高度重视，并转化为具体行动，改革举措才能落地落实，企业和产业工人才能实现共建共享、双向奔赴。

一、充分发挥国有企业示范引领作用

国有企业是党和国家最可信赖的依靠力量，是坚决贯彻执行党中央决策部署的重要力量，是贯彻新发展理念、全面深化改革的重要力量。发挥国有企业在深化产业工人队伍建设改革中的示范带动作用，对于助力产业工人成长成才、促进国有企业高质量发展具有重要意义。

一是强化国有企业政治责任。国有企业的政治属性，必然要求在深化产业工人队伍建设改革上标准更高、工作更扎实、成效更显著。国务院国资委和地方国资管理部门要把产业工人队伍建设改革工作纳入对企业党建工作考核、党政领导班子年度考核和巡视巡察等，国有企业党委（党组）要把产业工人队伍建设改革作为坚持党全心全意依靠工人阶级方针的重要政治任务和具体行动，纳入企业发展战略规划和党建工作重要内容，做到一体部署、一体推进。

二是主动破解矛盾问题。认真贯彻落实全国总工会和国务院国资委党委联合印发的《关于充分发挥国有企业在推进产业工人队伍建设改革中带动作用的意见》，敢于“破冰”、啃“硬骨头”，着力解决矛盾问题，不断提高工作实效。要在保证产业工人主人翁地位上求突破、作示范，严格落实职工代表大会、职工董事、职工监事制度，鼓励产业工人有序参与公司治理，切实保障产业工人的知情权、参与权和管理权。要在健全完善产业工人薪酬分配机制上求突破、作示范，坚持多劳者多得、技高者多得、创新者多得，深化国有企业工资决定机制改革，完善产业工人薪酬激励政策，健全以技能为导向、精准规范高效、向生产一线产业工人倾斜的收入分配机制。要在激发产业工人劳动热情和创造潜能上求突破、作示范，大力弘扬劳模精神、劳动精神、工匠精神，优化创新生态，搭建创新平台，推进成果转化，引导产业工人积极投身高质量发展。

三是发挥链主企业作用。一些国资央企规模大、实力雄厚，处于相关产业行业的龙头地位，这就决定了可以通过发挥链主企业在市场需求、集成创新、组织平台等方面的优势，带动供应链企业共同实施产业工人队伍建设改革。要凝聚共识，主动与供应链企业结对共建，明确改革内容、具体举措和工作要求。要带动产业链企业在技能培训、安全生产、创建和谐劳动关系等方面开展合作，在共同提高供应链配套水平和促进企业高质量发展、产业工人成长成才等方面实现多方共赢。

二、推动民营企业产业工人队伍建设改革提质扩面

2025 年 2 月 17 日，习近平总书记在民营企业座谈会上强调，“企业是经营主体，企业发展内生动力是第一位的”“要积极履行社会责任，积极构建和谐劳动关系”。《中共中央 国务院关于促进民营经济发展壮大的意见》明确要求推进民营经济产业工人队伍建设，支持民营企业更好履行社会责任。在深化产业工人队伍建设改革、实现中国式现代化的进程中，民营企业不仅不能“缺席”，还应该发挥重要作用。

一是加强政策宣讲和示范引导。通过座谈、培训、宣讲、微信

公众号等多种方式，广泛深入向民营企业家、管理层宣传介绍产业工人队伍建设改革的政策措施、重要作用、方式方法，及时将党中央、国务院以及地方党政关于产业工人队伍建设改革的政策传达到广大民营企业中去，引导广大民营企业家增强家国情怀，大力弘扬优秀企业家精神，主动推进产业工人队伍建设改革。

二是支持民营企业更好履行社会责任。要加快推进中国特色劳动标准的研究和制定，为民营企业履行社会责任、深化产业工人队伍建设改革提供参照。地方党委和政府、各级工商业联合会和企业联合会、行业协会等，要推动企业将产业工人队伍建设改革情况纳入社会责任报告、可持续发展报告，引导民营企业把落实改革举措、促进产业工人成长成才作为全面承担社会职责、实现社会价值的重要方式。要通过引导企业积极履行社会责任，推动民营企业更多地关注改善工作环境、提升产业工人幸福感，着力构建全体员工利益共同体。

三是突出重点、逐步推进。对参与改革意愿不强的民营企业，要发挥产业、园区、链长企业的带动作用，通过现场推进会、建立联系点、派出指导员等方式，解难纾困、逐步推动。对中小企业，要把工作重点放在改善产业工人劳动条件、促进企业安全生产上。对规模以上企业，要重点提升产业工人技术技能水平、促进产业工人职业发展、提高产业工人薪酬待遇，培育利益共同体意识，实现产业工人发展与企业发展双赢，不断提高企业和产业工人支持改革、参与改革的积极性主动性。

三、发挥产业工会、社会团体、产业园区的作用

产业工会以及工商联、企联、行业协会、商会等社会组织在促

进企业深化产业工人队伍建设改革中具有独特优势，在服务行业、服务企业、服务产业工人上能够发挥积极作用。

一是产业工会要发挥桥梁纽带作用。产业工会熟悉产业，与企业和产业工人联系都非常紧密。要落实《关于建立全国产业工会推进产业工人队伍建设改革作用发挥机制的意见》要求，强化组织领导，带动委员单位、企业建立健全组织推进机构，把推进产业工人队伍建设改革列入全委会和常委会的重要议事日程，构建上下联动、左右协调的组织领导网络，激发委员单位、企业参与改革的内生动力。要坚持系统观念，推动产业协调劳动关系三方机制建设，全面加强产业工会与相关部委、行业协会联席会议制度，常态化开展产业工会联系帮扶企业和龙头企业优会强会、维护产业工人权益等工作，形成同频共振、强势推进的合力。要紧密结合产业特点，创新打造各产业工会推进产业工人队伍建设改革的优质项目。

二是社会团体要发挥服务保障作用。充分发挥社会团体在产业对接、信息交流、资源协调等方面的优势，搭建政策咨询、经验交流、协调合作、人才培养等平台，为会员企业深化产业工人队伍建设改革提供优质专业服务。要加强人才保障，会同政府部门、高校举办各类招聘会、双选会等，提高产业工人就业率与质量。要助力创新创造，支持会员企业健全创新工作机制，畅通产业工人参与重大项目研发、工艺改进、安全生产、降本增效等渠道，不断延伸创新链、完善产业链。要促进职业发展，协助企业完善高技能人才评价、产业工人技能等级认定等制度机制，为促进技能人才合理流动和职业发展提供服务保障。

三是产业园区要发挥整合集聚作用。产业园区产业主题鲜明、企业聚集、产业工人集中，企业面临问题相似度高、产业工人诉求相似性强，推进产改具有复制性强、带动性广的突出优势。要加强组织领导，制定产业园区深化产业工人队伍建设改革的任务和标准，建设园区产改指导站，建好产改指导员、联络员、观察员三支队伍，与企业一对一结对，手把手、面对面作动员、教方法、解难题。要整合培训资源，打造工匠学院站点，建立面向园区的培训基地和岗位练兵、技术比武、职业技能竞赛体系，加强与第三方职业技能等级认定机构合作，实现队伍共育。

四、不断激发企业深化产业工人队伍建设改革的内生动力

产业工人是企业的重要人才资源。深化产业工人队伍建设改革，对于打造一支宏大的高素质产业工人队伍、提升企业的整体竞争力、增强企业凝聚力、实现企业持续健康发展、助力共同富裕等方面都将起到积极的推动作用。

一是广泛实施助推计划。遴选先进制造业、新兴产业和未来产业企业，龙头企业或链主企业，制造业单项冠军企业、专精特新中小企业、专精特新“小巨人”企业进行助推，同时兼顾不同产业、所有制、规模、行业，以及新业态、新模式等，确保具有广泛的代表性。要分级分类实施，精心组织全国层面助推工作，带动各地对标对表全国做法，结合实际开展本地、本行业助推计划，“一企一策”帮助企业制定方案。要加强总结，形成可复制可推广的典型案例和经验做法，研究编制不同地域和不同规模、所有制、行业和发展阶段企业深化产业工人队伍建设改革工作指引，供全国相同类型地区和企业借鉴参考。

二是给予更多政策支持。积极适应社会主义市场经济规律和要求，在企业深化产业工人队伍建设改革方面提供更多、更解渴的政

策措施，切实让企业享受更多实惠，增强深化改革的积极性主动性。要加大表彰激励力度，拓宽政策支持渠道，对在产业工人队伍建设改革中表现优秀的企业，鼓励金融机构在信贷方面给予倾斜，采取以奖代补等形式，对企业开展职业技能培训、高技能人才引进和培养、稳岗增岗等方面给予财政支持，将推进改革情况纳入优秀企业家评选标准。进一步落实国家关于企业培训费用税前扣除的有关规定，鼓励企业加大技能培训投入。

三是着力解决矛盾困难。要建立健全企业诉求快速响应机制，及时汇总反馈行业管理部门，推动政府部门出台政策举措并抓好落实，及时解决企业遇到的矛盾问题。各级工会要加强与行业管理部门、有关政府职能部门的配合协调，主动摸清行业企业、产业工人队伍发展现状，及时了解掌握国家和地方有关新要求新政策，积极向有关部门就行业发展、产业发展建言献策。

第三节　健全社会支持体系

《意见》明确："加大对产业工人队伍建设改革的宣传力度，营造浓厚社会氛围。建立产业工人队伍数据统计、调查、监测体系。加强产业工人队伍建设改革课题研究。"

一、加大对产业工人队伍建设改革的宣传力度

坚持正确舆论导向，不断拓宽宣传渠道，常态化宣传深化产业工人队伍建设改革的重大意义、目标任务、主要举措和先进典型，营造良好的社会氛围。要加强培训引导，在各级党校（行政学院）

以及各类干部教育培训机构中，科学设置产业工人队伍建设改革内容，邀请专家学者、劳模工匠进行宣讲，打造精品课程，强化宣传效果。要定期编制发布产业工人队伍建设改革蓝皮书，总结展示各部门、各地方以及广大企业在深化产业工人队伍建设改革中务实管用的改革举措与经验做法，进一步扩大产业工人队伍建设改革的社会影响力。要广泛开展分众化、互动式宣传，做强网上舆论引导工作，用生动活泼、灵活多样、群众喜闻乐见的方式引导社会各界了解改革、参与改革、支持改革。

二、建立产业工人队伍数据统计、调查、监测体系

产业工人队伍的数量、技能、薪酬、社保等现状和变化情况，是深化产业工人队伍建设改革的重要依据。要坚持体系化、数智化、科学化、便捷化的原则，不断推进产业工人队伍数据统计、调查、监测体系建设，做到心中有“数”，为深化产业工人队伍建设改革提供坚实的数据支撑。

一是加强对产业工人统计范围的研究。明确产业工人统计范围是建立产业工人统计、调查、监测的前提。可参考以下研究成果：产业工人可以包括以下产业中从事集体生产劳动、以工资收入为主要生活来源的工人，包括第一产业的农业，林业，畜牧业，渔业；第二产业的采矿业，制造业，建筑业，电力、热力、燃气及水生产和供应业；第三产业的研发设计与其他技术服务，货物运输、通用航空生产、仓储和邮政快递服务，信息服务，节能与环保服务，批发与贸易经纪代理服务，生产性支持服务等生产性服务业。要进一步对产业工人职业发展和新就业形态等进行深入研究，切实让产业工人队伍统计范围具备广泛性、代表性、真实性和数据可得性。

二是坚持体系化建设思路。在顶层设计上，要探索建立产业工人队伍建设改革指数体系，围绕产业工人队伍的规模、流动性、薪酬待遇、技能提升和创新创造等多个维度进行设计，建立动态监测分析的指标体系模型。在统计平台建设上，要按照资源整合、数据互通、集约务实的原则，整合人社部门劳动关系监测平台、政府政务服务平台、就业信息平台、产业园区经济大脑以及工会数智化建设平台等多维标签大数据，充分利用现有资源，努力做到全面精准监测。在数据统计范围上，要将不同规模、不同所有制企业，以及灵活就业的产业工人都纳入统计监测范围，做到哪里有产业工人，哪里就有统计监测终端。

三是科学分析、精准使用统计数据。要依托指标体系，及时对用工单位和产业工人队伍动态情况进行细分比较，精准分析产业工人队伍基本情况，形成产业工人技能提升、流动性分析等方面的动态数据报告，为改革成效评估、完善政策制度和推动经济高质量发展提供数据支撑。

三、深化产业工人队伍建设改革研究

习近平总书记指出，改革更多面对的是深层次体制机制问题，对改革顶层设计的要求更高，对改革的系统性、整体性、协同性要求更强，相应地建章立制、构建体系的任务更重。这就要求我们在深化产业工人队伍建设改革中，必须加强理论政策研究与创新，充分发挥其先导先行作用。

一是坚持问题导向。全面及时掌握组织推进产业工人队伍建设改革面临的突出问题，比如产业工人的内涵和外延，新技术新业态新模式蓬勃发展对产业工人队伍、就业方式和劳动关系的影响，互联网技术和新媒体广泛应用对产业工人学习、工作、生活、思想等带来的影响，产业工人劳动经济权益、民主政治权利、精神文化需求等状况，丰富发展产业工人理论，廓清各种模糊认识。

二是坚持兼收并蓄。善于研究和借鉴国内外产业工人队伍建设的有益做法、理论成果，博采众长、为我所用，为进一步完善相关政策提供借鉴和参考。比如在构建产业工人技能形成体系上，要积极探索责任分担的技能投资制度、标准化与可迁移的技能供应制度、有效的技能评价制度、公平可信的技能使用制度以及多方支持的社会合作制度；在人力资本投入方面，要研究探索职业教育和培训的投入、产出和企业培训成本补偿机制等。

三是坚持凝聚力量。当前，社会各界对产业工人相关议题认识不足，理论研究相对滞后，没有形成规模效益。要发挥各级党校（行政学院）、高等院校和主流咨询机构的优势，探索成立与产业工人相关的研究中心，加大研究项目的资助扶持力度，支持引导专家学者、社会各界积极参与研究探索，加快产业工人队伍建设改革理论创新发展。

典型案例二十一

加强产改数字化实验室建设
探索数字化赋能产改实施新路径

数字化赋能是深化产业工人队伍建设改革的发展方向和重要内

容。苏州工业园区凝聚各方面资源力量，创新打造“产改数字化实验室”，通过建设产业工人队伍基础数据库、搭建产改工作数据驾驶舱、建立产业工人发展及产改工作实时监测体系，充分利用数字技术展示与评估产改工作成效，实现了实时掌握产业工人情况、科学精准指导产改决策、推动产改工作提质增效的目标。

一、构建协同机制，强化工作合力

在苏州市产改办和园区党工委、管委会的指导支持下，园区总工会与园区人社局、经发委等产改联席会议成员单位充分协作，成立项目建设工作小组，研究确定建设目标、建设原则和建设内容。邀请上级工会参与方案论证，结合《江苏省“智慧工会”建设三年行动计划（2022—2024年）》要求，优化数据库架构，增设特色模块。争取园区党工委将实验室建设纳入“智慧园区”建设重点项目，协调园区人社局、经发委开放部分政务数据接口权限。在全国总工会蹲点组进驻园区期间，加强沟通交流，为实验室建设提供了许多建设性意见和思路。

二、深化平台合作，打破数据壁垒

按照顶层设计、循序开发、分步实施的建设思路，对园区产业工人队伍发展动态监测分析平台进行升级，与园区人社局、经发委展开多轮洽谈，对劳动关系监测平台、产业经济数据、经济大脑、基层工会信息管理系统多维标签等大数据进行有机整合，实现数据共享。通过开展跨平台合作，及时获取最新的劳动关系和经济运行数据，为相关部门提供更加全面、准确的产业工人信息。实验室共有产业工人全景画像、产业用工队伍规模、产业工人监测分析、产改成效展示、产改试点一企一档、和谐企业建设、和谐指数测评分析和集体协商管理等八个主要模块，实现了产业工人队伍多维度分析和动态监测，为数字化推进产业工人队伍建设改革奠定了坚实基础。

三、广泛宣传发动，提高工作实效

通过工会官网、园区微信公众号、企业内部宣传栏等多种渠道，向企业职工宣传实验室建设的意义和作用。开展数据采集培训工作，培训内容包括数据采集标准、录入流程及注意事项等，确保数据采集的准确性和规范性。制定激励措施，鼓励企业和职工积极参与数据采集工作。联合园区人社局为每一家参与调研企业推送个性化反馈报告。截至 2024 年，实验室现已覆盖工会、职工、产业、法人、劳动关系、心理健康监测、学历核验等相关数据 2955 万条，数据标签 132 万个，90 余万名职工动态数据，构建了结构健全清晰、数据动态全面的基础数据库，为园区企业提供精准人才匹配、技能培训等个性化服务，助力企业优化人力资源配置，提升核心竞争力。定期生成约 2000 家重点企业、6 万—7 万名职工参与调研的和谐指数测评报告，从工作时间合规到人岗适配，从新技术应用挑战到企业民主管理，精准把脉劳资关系和产业工人动态，预判企业劳资矛盾风险等级，降低群体性事件发生率。园区共创建国家级和谐企业 1 家、省级和谐企业 20 家、市级和谐企业 309 家。

典型案例二十二

强化产业工人队伍建设改革的法治保障

《宿迁市产业工人服务条例》(以下简称《条例》)经江苏省人大常委会的批准并正式施行。作为全国首部专门针对服务产业工人的地方性法规,《条例》将产改过程中与产业工人切身利益息息相关的方针政策和好的实践经验做法进行综合、固化和升华,改变了以往产改工作依靠企业单兵推进、依靠面上活动动员推进、依靠职能部门政策举措分散推进的情况,用法律规范进一步保障产业工人的合法权益,体现了适应产业工人成长需求的普遍性、企业共同参与的广泛性、已有成功做法的实践性和未来工作推进的探索性,为赋能产业工人队伍建设改革、推动经济社会高质量发展提供了法治保障。

一、完善职业发展体系,提升产业工人法治幸福感

为了全面提升产业工人的技术技能素质,拓宽其职业发展通道,《条例》明确了宿迁各级政府和企业的责任。要求政府积极发挥主导作用,加大对产业工人技能培训的政策支持与资金投入,搭建多样化的培训平台,推行职业技能等级认定制度,建立产业工人创业创新激励机制;要求企业切实履行主体责任,加大技能培训的投入,根据自身产业特点与工人需求,制定个性化的培训计划,为产业工人提供更多学习与提升技能的机会。

二、构建服务保障体系,提升产业工人法治获得感

针对宿迁市产业工人流动受限、职业激励力度不足、服务和待遇不到位等问题,《条例》明确宿迁各级政府应支持企业培养、引进高素质产业人才,并对符合条件的产业工人和企业发放岗位补贴、能力提升培训补贴、技能工作室补助等。《条例》还规定高技能人才在薪酬激励、健康管理、子女上学、研修交流、休假疗养等方面应享受的待遇，提升产业工人的职业激励和生活保障，让他们能够安心工作，全身心投入产业发展中。

三、健全权益维护体系，提升产业工人法治安全感

以促进劳动关系和谐稳定为出发点和落脚点，《条例》重点从保障产业工人参与企业民主管理的政治权利，到确保获得合理劳动报酬、良好劳动条件等劳动权益，再到畅通维权路径，为产业工人提供便捷、高效的维权渠道，全方位守护产业工人的合法权益。

典型案例二十三

打造产改“四大引擎” 助推企业高质量发展

2024 年 9 月 28 日，习近平总书记给中国一重产业工人代表回信，对他们予以亲切勉励并提出殷切希望。近年来，中国一重以打造产改“四大引擎”为抓手，营造良好的技能人才发展环境，以埋头苦干的勇毅和舍我其谁的担当，不断提升制造能力、增强创新动力、汇聚发展合力，助推企业高质量发展。

一、完善薪酬分配体系，增强职工干事创业内生动力

拓宽劳模创新荣誉激励体系通道，破除束缚技能人才发展的体制机制障碍，积极回应企业技能人才关切，营造良好的技能人才发展生态，充分激发人才创造活力。出台《大国工匠和首席技能大师评选管理办法》，每年评定公司级大国工匠、首席技能大师，获评者分别可享受年6万元、4.2万元公司特贴；针对在高温环境下工作的特殊工种，为一线员工提供额外的津贴补助，每人每月500元，补贴期限3年；完善人才公寓政策，让更多优秀的技能人才安居乐业。实施“百名人才工程”，设置特贴奖励项目，年度特贴奖励杰出高技能人才192万元。实施技能津贴“倍增计划”、项目分红制等15项改革举措，建立与企业年度生产“确保、力争、创优”三档目标相适应的7%、9%、11%职工薪酬增长梯次。2023年职工人均薪酬比2017年增长60.67%。

二、健全长效激励机制，激发职工建功立业新活力

推动构建“习近平新时代中国特色社会主义思想引领”长效机制、“五个通道”晋升机制、“五个倾斜”激励机制等，贯通了从“思想”到“机制”再到“利益”的改革全链条，实现了以内部激励提高外部竞争力。坚持做好技能人才职称和技能等级评价工作，落实“新八级工”职业技能等级制度，在行政职务序列之外，打通业务管理、营销、技术研发、党务、技能人员5个晋升通道，每年核定一次，两三年上一个台阶。定期组织技能职级考核，有11个工种、42人从技能岗位晋升到工程师和高级工程师。

三、构建多元培育模式，挖掘职工适配岗位新潜能

牢牢扭住高质量发展这个首要任务，全方位全链条加强技能人才队伍素质能力建设，培养造就更多高素质技术技能人才、能工巧匠、大国工匠。建立公司首席科学家、首席技术专家等人才培养模式，完善“内培外学”“校企合作”“理论+实训+应用”相结合的培训新机制，开设“订单班”“预备技师班”，进行有针对性的技能“补钙”。实施“百名人才工程”，累计培养大国英才、首席技术专家、大国工匠、首席技能大师 47 名，推动 1100 余名技能岗位员工开展新型师徒培养。截至 2024 年，中国一重技术和技能岗位占比 77.3%，高级工以上人员占比 35.3%，评聘公司级大国工匠 11 人、首席技能大师 23 人，凝聚创新人才 3000 余人。

四、搭建技能竞赛平台，强化职工创新创造新动能

围绕国家重大战略、重大工程、重大项目、重点产业开展多种形式的劳动和技能竞赛，建立全流程竞赛制度体系，创建“四级＋四类＋六室＋一赛”全员全方位科技创新动力机制，扎实开展“五创工程”“百万一重杯”劳动竞赛和“五小”创新成果评比。设立百万年度急难险重任务攻关奖励资金，已发放 6000 多万元，攻克了以“华龙一号”为代表的一系列重大技术装备。创建各级劳动模范领衔的创新工作室 40 个，设立六类创新工作室 152 个，创造经济效益 3500 万元。

附　录

中共中央 国务院
关于深化产业工人队伍建设改革的意见

（2024 年 10 月 12 日）

产业工人是工人阶级的主体力量，是创造社会财富的中坚力量，是实施创新驱动发展战略、加快建设制造强国的骨干力量。为推动产业工人队伍建设改革走深走实，现提出如下意见。

一、总体要求

坚持以习近平新时代中国特色社会主义思想为指导，全面贯彻党的二十大和二十届二中、三中全会精神，深入贯彻习近平总书记关于工人阶级和工会工作的重要论述，坚持和加强党的全面领导，坚持全心全意依靠工人阶级的根本方针，深刻领悟“两个确立”的决定性意义，增强“四个意识”、坚定“四个自信”、做到“两个维护”，坚持系统观念、问题导向、守正创新，深化产业工人队伍建设改革，团结引导产业工人在中国式现代化建设中发挥主力军作用。

主要目标是：通过深化产业工人队伍建设改革，思想政治引领更加扎实，产业工人听党话跟党走的信念更加坚定，干事创业的激情动力更加高涨，主人翁地位更加显著，成就感获得感幸福感进一步增强；劳动光荣、技能宝贵、创造伟大的社会氛围更加浓厚；产业工人综合素质明显提升，大国工匠、高技能人才不断涌现，知识型技能型创新型产业工人队伍不断壮大。力争到 2035 年，培养造就 2000 名左右大国工匠、10000 名左右省级工匠、50000 名左右市级工匠，以培养更多大国工匠和各级工匠人才为引领，带动一流产业技术工人队伍建设，为以中国式现代化全面推进强国建设、民族复兴伟业提供有力人才保障和技能支撑。

二、强化思想政治引领，团结引导产业工人坚定不移听党话跟党走

（一）持续强化产业工人队伍思想政治工作。坚持不懈用习近平新时代中国特色社会主义思想凝心铸魂，推动党的创新理论在产业工人中落地生根，结合实际做好网上思想政治引领，持续抓好主题宣传教育，开展普遍轮训。鼓励支持大国工匠、高技能人才参加国情研修，鼓励支持产业工人参加青年马克思主义者培养工程，深化社会主义核心价值观教育，筑牢团结奋斗的共同思想基础。

（二）加强产业工人队伍党建工作。加强企业党组织建设。加强新经济组织、新就业群体党建工作，及时有效扩大党的组织覆盖和工作覆盖。持续解决国有企业党员空白班组问题。加强在产业工人中发展党员，注重把生产经营骨干培养成党员。

（三）大力弘扬劳模精神、劳动精神、工匠精神。做实“中国梦·劳动美”主题宣传教育。在劳动模范、五一劳动奖章、青年五四奖章、三八红旗手等评选工作中，加大对产业工人的宣传力度。深入开展“劳模工匠进校园”行动，把劳模精神、劳动精神、工匠精神纳入大思政课工作体系，支持在大中小学设立劳模工匠兼职辅

导员，在职业学校（含技工院校，下同）开设“劳模工匠大讲堂”，在高等学校设立劳模工匠兼职导师。组织开展劳模工匠进企业、进社区、进机关宣传活动。

三、发展全过程人民民主，保障产业工人主人翁地位

（四）落实产业工人参与国家治理的制度。落实保障产业工人主人翁地位的制度安排。组织开展党的代表大会代表和委员会委员、人大代表、政协委员、群团组织代表大会代表和委员会委员中的产业工人教育培训。引导产业工人依法行使民主权利，有序参与国家治理、社会治理、基层治理。

（五）完善企业民主管理制度。健全以职工代表大会为基本形式的企事业单位民主管理制度，涉及产业工人切身利益的重大事项必须依法依章程经职工代表大会审议通过。坚持和完善职工董事、职工监事制度，深化厂务公开，积极利用数字技术为产业工人民主参与提供更为精准便捷的服务。

（六）健全劳动关系协商协调机制。全面落实劳动合同制度，推进集体协商和集体合同制度。建立健全各级协调劳动关系三方委员会，发挥国家协调劳动关系三方机制、地方政府和同级工会联席会议制度作用，把推进产业工人队伍建设改革列入重要议程。完善基层劳动关系治理机制，提升劳动关系公共服务水平，开展全国基层劳动关系公共服务站点标准化工作。推进区域和谐劳动关系高质量发展改革创新试点。积极推进行业、企业和工业园区构建和谐劳动关系。

（七）加强对产业工人主人翁地位的宣传引导。主流媒体要加大对产业工人主人翁地位的宣传力度，创作出版、制作播出更多反映产业工人风貌的优秀文学艺术、网络视听和影视作品等，营造崇尚

劳模、尊重劳动、尊崇工匠的社会氛围。

四、适应新型工业化发展需求，完善产业工人技能形成体系

（八）推动现代职业教育高质量发展。加快构建职普融通、产教融合的职业教育体系。坚持以教促产、以产助教、产教融合、产学合作，培育一批行业领先的产教融合型企业，打造一批核心课程、优质教材、教师团队、实践项目。实施现代职业教育质量提升计划、职业学校教师素质提高计划，支持大国工匠、高技能人才兼任职业学校实习实训教师。提升办学条件和教学能力，创建一批具有较高国际化水平的职业学校。

（九）加大复合型技术技能人才培养力度。健全产业工人终身职业技能培训制度，为发展新质生产力、推动高质量发展培养急需人才。大力实施技能中国行动、职业教育现场工程师专项培养计划、青年技能人才锻造行动，全面推进工学一体化技能人才培养模式。

（十）落实企业培养产业工人的责任。构建以企业为主体、职业学校为基础，政府推动、社会支持、工会参与的技能人才培养体系。鼓励大型企业制定技能人才发展战略，健全产业工人培训制度，积极开展公共职业技能培训。企业按规定足额提取和使用职工教育经费，确保 60% 以上用于一线职工教育和培训。发挥工会系统、行业协会、社会培训机构作用，帮助中小企业开展技能培训。

（十一）促进产业工人知识更新和学历提升。实施产业工人继续教育项目，鼓励更多高等学校、开放大学开设劳模和工匠人才、高技能人才学历教育班、高级研修班，举办劳模工匠创新培训营，持续深化劳模工匠、高技能人才境外培训和国际交流活动。发挥国家各类职业教育智慧教育平台作用。打造全国产业工人智能化技能学

习平台。充分发挥工人文化宫等社会公益阵地作用，向农民工、新就业形态劳动者提供普惠制、普及性技能培训服务。

五、健全职业发展体系，促进产业工人成长成才

（十二）畅通产业工人向上发展通道。建立以创新能力、质量、实效、贡献为导向，注重劳模精神、劳动精神、工匠精神培育和职业道德养成的技能人才评价体系。把大国工匠、高技能人才纳入党管人才总体安排统筹考虑，支持各地将急需紧缺技能人才纳入人才引进目录。深入实施职业技能等级认定提质扩面行动。健全“新八级工”职业技能等级制度。

（十三）贯通产业工人横向发展机制。引导企业建立健全产业工人职业生涯指导计划。推进学历教育学习成果、非学历教育学习成果、职业技能等级学分转换互认。建立职业资格、职业技能等级与相应职称、学历的双向比照认定制度，健全专业技术岗位、经营管理岗位、技能岗位互相贯通的长效机制。

六、维护劳动经济权益，增强产业工人成就感获得感幸福感

（十四）提高产业工人经济收入。坚持多劳者多得、技高者多得、创新者多得，进一步完善收入分配制度，提高劳动报酬在初次分配中的比重。完善产业工人工资决定、合理增长、支付保障机制，健全按要素分配政策制度。多措并举推动企业建立健全基于岗位价值、能力素质、创新创造、业绩贡献的技能人才薪酬分配制度，以提高技能人才薪酬待遇为重点开展工资集体协商，探索对大国工匠、高技能人才实行年薪制、协议工资制和股权激励等。指导有条件的地区发布分职业（工种、岗位）、分技能等级的工资价位信息。

（十五）加强产业工人服务保障。建立以社会保障卡为载体的产业工人电子档案，实现培训信息与就业、社会保障信息联通共享、服务事项一网通办。督促企业与产业工人签订书面劳动合同。严格规范劳务派遣用工，保障劳动者合法权益。坚持和发展新时代“枫桥经验”，完善劳动争议多元处理机制，妥善化解劳动领域矛盾纠纷。强化劳动保障监察执法，加强与劳动人事争议调解仲裁联动，依法纠治劳动领域违法侵权行为。

（十六）有效维护产业工人安全健康权益。压实企业安全生产责任，实施高危行业领域从业人员安全技能提升专项行动，发挥职工代表大会对企业安全生产工作的监督作用。加强对高危行业建设项目的劳动安全保护。加强职业病防治。督促企业依法落实工时和休息休假制度，健全并落实产业工人疗养休养制度，促进产业工人身心健康。

（十七）做好新就业形态劳动者维权服务工作。研究推动新就业形态领域立法。全面推行工会劳动法律监督“一函两书”，加强对平台企业和平台用工合作企业的监管。积极做好新就业形态劳动者建会入会和维权服务工作，畅通诉求表达渠道，解决急难愁盼问题。健全灵活就业人员、农民工、新就业形态劳动者社保制度，扩大新就业形态劳动者职业伤害保障试点。推动平台企业建立与工会、劳动者代表常态化沟通协商机制。

七、搭建建功立业平台，发挥产业工人主力军作用

（十八）深入开展劳动和技能竞赛。围绕重大战略、重大工程、重大项目、重点产业，广泛开展各层级多形式的竞赛活动。持续办好各级各类职业技能赛事活动。支持企业开展形式多样的劳动竞赛、

技能比武，不断激发产业工人投身推动高质量发展的积极性主动性创造性。

（十九）激发产业工人创新创造活力。鼓励产业工人立足工作岗位、解决现场实际问题，广泛开展面向生产全过程的技术革新、技术创新、技术攻关、技术创造和小发明、小创造、小革新、小设计、小建议等群众性创新活动，完善发挥企业班组作用的制度。引导和支持大国工匠、高技能人才参与重大技术革新、科技攻关项目。加强产业工人创新成果知识产权保护，做好产业工人申报国家科技进步奖等工作。

（二十）发挥劳模和工匠人才的示范引领作用。加强劳模工匠创新工作室、技能大师工作室、职工创新工作室、青创先锋工作室等平台建设。推动在专精特新中小企业、专精特新“小巨人”企业中加强创新工作室建设。鼓励发展跨区域、跨行业、跨企业的创新工作室联盟。实施“劳模工匠助企行”，促进专精特新中小企业发展。

八、壮大产业工人队伍，不断巩固党长期执政的阶级基础和群众基础

（二十一）稳定制造业产业工人队伍。支持制造业企业围绕转型升级和产业基础再造工程项目，实施制造业技能根基工程和制造业人才支持计划。统筹推进制造业转型升级和保持产业工人队伍稳定，支持和引导企业加强转岗培训，提高产业工人多岗位适应能力。

（二十二）大力培养大国工匠。实施大国工匠人才培育工程。持续办好大国工匠创新交流大会暨大国工匠论坛。加强巾帼工匠培养，充分发挥作用。广泛深入开展工匠宣传，在全社会大力弘扬工匠精神，讲好工匠故事，按规定开展表彰工作。

（二十三）吸引更多青年加入产业工人队伍。加强政策支持和就业指导、就业服务，搭建校企对接平台。改善工作环境和劳动条件，丰富精神文化生活，增强制造业岗位对青年的吸引力。搭建产业工人成长发展平台，引导更多大学生走技能成才、技能报国之路。

（二十四）把农民工培养成高素质现代产业工人。围绕产业转型升级，加强对农民工的技能培训，广泛实施求学圆梦行动。促进农民工融入城市，进一步放开放宽城市落户政策，促进进城农民工平等享有城镇基本公共服务。加大公益法律服务惠及农民工力度，保障合法权益，促进稳定就业。

九、加强组织领导，合力推进产业工人队伍建设改革

（二十五）强化组织保障。各级党委和政府要加强对产业工人队伍建设改革的组织领导，强化统筹协调，结合实际抓好本意见贯彻落实。各级工会要牵头抓总，各级产业工人队伍建设改革组织推进机构要加强分类指导，推动形成工作合力。推动促进产业工人队伍建设方面的立法。

（二十六）发挥企业作用。强化国有企业政治责任，充分发挥中央企业和地方大型国有企业带动作用。支持民营企业更好履行社会责任。鼓励企业将产业工人队伍建设改革情况纳入企业社会责任报告、可持续发展报告。发布推进产业工人队伍建设改革蓝皮书。对推进产业工人队伍建设改革成效显著的企业，各级党委和政府以及工会等按规定予以表彰和相应政策支持。

（二十七）健全社会支持体系。加大对产业工人队伍建设改革的宣传力度，营造浓厚社会氛围。建立产业工人队伍数据统计、调查、监测体系。加强产业工人队伍建设改革课题研究。

贯彻落实《中共中央 国务院关于深化产业工人队伍建设改革的意见》新闻发布会文字实录

2024 年 10 月 25 日，全国总工会新闻中心举行贯彻落实《中共中央 国务院关于深化产业工人队伍建设改革的意见》新闻发布会，介绍有关情况并回答记者提问。

出席嘉宾：全国总工会副主席、书记处书记、党组成员，推进产业工人队伍建设改革协调小组副组长、办公室主任马璐；中国航天科技集团第一研究院首席技能专家，全国总工会副主席（兼），全国劳模、大国工匠年度人物高凤林；全国总工会劳动和经济工作部副部长、一级巡视员姜文良；工业和信息化部人事教育司司长傅建奇；人力资源社会保障部职业能力建设司二级巡视员张达；北京市总工会党组书记、副主席，北京市推进产业工人队伍建设改革协调小组办公室主任张良；中国船舶集团有限公司党群工作部 / 宣传部主任丁文强；浙江传化集团有限公司党委书记、总裁陈捷；全国总工会新闻发言人，宣传教育部副部长刘小琴。

刘小琴：各位记者朋友，大家上午好！欢迎出席今天的新闻发布会。

10 月 12 日，中共中央、国务院印发了《关于深化产业工人队伍建设改革的意见》，这是贯彻党的二十届三中全会精神作出的一项重大部署，充分体现了以习近平同志为核心的党中央对工人阶级的高度重视，对广大产业工人的关心关怀，为深化产业工人队伍建设改革指明了方向、提供了遵循。今天，我们很高兴邀请到全国总工会副主席、书记处书记、党组成员，推进产业工人队伍建设改革协调小组副组长、办公室主任马璐，为大家介绍产业工人队伍建设改革有关情况。出席今天新闻发布会的还有：

中国航天科技集团第一研究院首席技能专家，全国总工会副主席（兼），全国劳模、大国工匠年度人物高凤林；全国总工会劳动和经济工作部副部长、一级巡视员姜文良；工业和信息化部人事教育司司长傅建奇；人力资源社会保障部职业能力建设司二级巡视员张达；北京市总工会党组书记、副主席，北京市推进产业工人队伍建设改革协调小组办公室主任张良；中国船舶集团有限公司党群工作部/宣传部主任丁文强；浙江传化集团有限公司党委书记、总裁陈捷。

他们将回答大家关心的问题。

下面，我们首先请马璐主席作介绍。

马璐：各位记者朋友，大家好！首先，感谢大家一直以来对产业工人队伍建设改革的关心和支持。大家都关注到，10 月 12 日，党中央、国务院印发了《关于深化产业工人队伍建设改革的意见》。下面，我就《意见》的有关情况向大家作一介绍。

一、《意见》出台的重大意义

产业工人是工人阶级的主体力量，是创造社会财富的中坚力量，是实施创新驱动发展战略、加快建设制造强国的骨干力量。产业工人队伍建设改革是党和国家一项具有战略性、全局性的重大决策部署。《关于深化产业工人队伍建设改革的意见》的出台，是贯彻落实习近平总书记关于工人阶级和工会工作重要论述的重大举措，是贯彻落实党的二十届三中全会精神作出的重大部署，是进一步全面深化改革的重要组成部分，是推进中国式现代化建设的必然要求。推动产业工人队伍建设改革走深走实，对于贯彻落实全心全意依靠工人阶级的根本方针，巩固党长期执政的阶级基础和群众基础，团结动员广大产业工人在强国建设、民族复兴的新征程上发挥主力军作用，具有十分重要的意义。

2017 年 4 月，中共中央、国务院印发《新时期产业工人队伍建设改革方案》，明确由全国总工会牵头，30 个部门组成推进产业工人队伍建设改革协调小组。7 年来，全总认真履行牵头抓总职责，各单位积极推进落实分工任务，各级着力加强组织领导、完善工作机制、健全制度体系、落实重点举措，推动改革取得重要阶段性成效。同时也应该看到，产业工人队伍建设还存在一些体制机制障碍，相关法律法规政策需要进一步完善落实，特别是新技术新业态快速发展对制造业产业工人队伍稳定带来新挑战。《意见》的出台，就是要以更有力的改革举措、更强大的政策合力破解难题，进一步增强产业工人的成就感获得感幸福感，激发产业工人的劳动热情和创造潜能。

二、《意见》的主要内容

《意见》包括九个部分 27 条举措，全文约 4800 字，第一部分是总体要求，第二至第八部分是改革举措，第九部分是保障措施。《意见》注重与《改革方案》相衔接，注重保持政策连续性，注重深化拓展改革举措，重点有 5 个方面。

一是突出目标导向。明确到 2035 年，培养造就 2000 名左右大国工匠、10000 名左右省级工匠、50000 名左右市级工匠，以培养更多大国工匠和各级工匠人才为引领，带动一流产业技术工人队伍建设。二是突出系统集成。围绕产业工人队伍建设，从强化思想政治引领、保障主人翁地位、完善技能形成体系、健全职业发展体系、维护劳动经济权益、搭建建功立业平台、壮大队伍等 7 个方面，进一步明确党委和政府、企业、工会的职责任务。三是突出重点任务。围绕壮大一流产业技术工人队伍，从完善产业工人技能形成体系、激发产业工人创新创造活力、大力培养大国工匠、发挥劳模工匠示范引领作用等方面深化改革。四是突出破解难题。围绕产业工人利益诉求和队伍结构变化，从提高产业工人经济收入、完善企业民主管理制度、健全劳动关系协商协调机制、做好新就业形态劳动者维权服务、稳定制造业产业工人队伍、吸引更多青年加入产业工人队伍、把农民工培养成高素质现代产业工人等方面深化改革。五是突出强化合力。明确各级党委和政府要加强对产业工人队伍建设改革的组织领导，各级工会要牵头抓总，发挥企业作用，健全社会支持体系，合力推进产业工人队伍建设改革。

三、关于下一步工作考虑

昨天，推进产业工人队伍建设改革协调小组召开了学习宣传贯彻《意见》工作会议，全国人大常委会副委员长、中华全国总工会主席王东明出席会议，对学习宣传贯彻工作进行动员部署，提出明确要求。下一步，我们将重点抓好以下工作。

一是认真履行牵头抓总职责。会同相关部门，做好《意见》的宣传工作，凝聚社会支持改革的广泛共识；深入企业、车间、班组、生产一线，宣讲深化改革的重大意义和重点举措，增强广大产业工人对深化产改的认识，引导广大产业工人积极支持改革、自觉投身改革。加强政策解读和专题培训，准确把握深化改革的核心要义和重点举措。完善统筹协调、任务分工、部署落实和考核评价机制，推动深化改革举措落地见效。加强对不同类型企业深化改革工作的指导，强化政治责任和社会责任，激发企业推进改革的动力，充分发挥企业作用。

二是抓好工会分工任务的贯彻落实。按照《意见》要求，用改革精神不断创新工会工作体制机制和方式方法，更好发挥工会组织联系服务职工群众的桥梁纽带作用。重点抓好 5 个方面工作。在加强产业工人思想政治引领方面。创建新时代职工思想政治工作体系，深入开展“中国梦・劳动美”主题宣传教育，创设中国工人大思政课。组织开展劳模工匠进校园、进企业、进社区、进机关宣传活动，大力弘扬劳模精神、劳动精神、工匠精神。在保障产业工人主人翁地位方面。健全以职工代表大会为基本形式的企事业单位民主管理制度，探索建立“互联网 +”民主管理工作机制。健全代表职工参与管理国家事务、管理经济和文化事业、管理社会事务的制度机制，探索建立工会通过多种方式参与基层治理机制。健全劳动关系协商协调机制，建立健全各级协调劳动关系三方委员会。在完善产业工人技能形成体系方面。加强工匠学院建设，打造全国产业工人智能化技能学习平台，推动劳模工匠学历提升、知识更新。充分发挥工人文化宫等社会公益阵地作用，向农民工、新就业形态劳动者提供普惠制、普及性技能培训服务。在维护产业工人劳动经济权益方面。健全落实职工社会保障权益工作体系，持续完善职工互助保障工作。健全维护职工劳动安全卫生权益工作体系。构建线上线下相结合的工会服务职工就业帮扶服务体系。完善企业行业工资集体协商制度，开展集体协商集中要约行动，大力推广能级工资集体协商经验，以提高技能人才薪酬待遇为重点开展工资集体协商。创建工会维权服务新就业形态劳动者、农民工工作体系，实施工会维权服务新就业形态劳动者三年行动，常态化开展“解决农民工欠薪、工会在行动”活动。在发挥产业工人主力军作用方面。健全助力经济高质量发展工作体系，聚焦发展新质生产力，创新开展劳动和技能竞赛，创新开展“四技五小两比”群众性创新创造活动。健全劳模工匠和高技能人才工作体系，完善劳模工匠培养培育、选树宣传、作用发挥和服务管理工作机制。实施大国工匠人才培育工程。加强劳模工匠创新工作室建设，鼓励发展跨区域、跨行业、跨企业的创新工作室联盟。实施“劳模工匠助企行”，促进专精特新中小企业发展。

各位记者朋友，媒体是推进产业工人队伍建设改革不断深化的重要力量。希望大家继续关注支持、采访报道关于深化产业工人队伍建设改革的进展成效、典型案例，大力传播劳模故事、劳动故事、工匠故事，继续为深化产业工人队伍建设改革鼓与呼，在全社会营造浓厚的改革氛围，推动产业工人队伍建设改革不断取得新成效。

我就介绍这些，谢谢！

刘小琴：下面进入提问环节，请大家举手提问，提问前请先通报所供职的媒体机构。

中新社记者：《意见》提出把农民工培养成为高素质现代产业工人，有哪些举措？

姜文良：农民工是产业工人队伍的重要组成部分，是社会主义现代化建设的重要力量，是促进人口高质量发展和实现共同富裕的重点群体。国家统计局数据显示，2023 年全国农民工总量超 2.97 亿。10 月 12 日，中共中央、国务院印发《关于深化产业工人队伍建设改革的意见》，明确要求把农民工培养成高素质现代产业工人，从技能培训、学历提升、融入城市、均等服务、保障权益、稳定就业等方面部署改革任务，为新形势下做好农民工工作明确了方向、提供了遵循。

以习近平同志为核心的党中央历来高度重视农民工工作。2017年4月，中共中央、国务院印发《新时期产业工人队伍建设改革方案》，明确要求“促进农民工融入城市、稳定就业”。各级各部门认真落实，扎实推进。一是优化农民工落户政策。国务院出台《深入实施以人为本的新型城镇化战略五年行动计划》，明确放开放宽除个别超大城市外的落户限制。二是提升技能素质。人力资源社会保障部办公厅印发《关于加强农民工职业技能培训工作的意见》，开展“春潮行动”，联合9部门开展县域农民工市民化质量提升行动。全国总工会联合教育部实施“求学圆梦行动”，持续推动农民工学历和能力双提升。三是加强服务保障。人力资源社会保障部、全国总工会等8部门印发《关于维护新就业形态劳动者劳动保障权益的指导意见》，联合6部门开展“城暖农民工”服务活动，联合10部门开展“春暖农民工”服务行动，持续开展进城农民工服务保障工作。全国总工会深入开展新就业形态劳动者入会集中行动，组织实施工会驿站双15工程和“新双15工程”，在全国主要城市和城市重点区域基本实现15分钟服务圈交叉覆盖的工会服务体系。截至2024年，全国工会驿站已超过18万个，覆盖近2亿职工群众，每天服务230多万人次；持续推动治理拖欠农民工工资专项工作。四是加强表彰激励。积极选树和宣传农民工先进典型，在2020年全国劳模评选中，农民工占比8.7%，在2024年全国五一劳动奖章评选中，农民工占比18.2%。

农民工是产业工人队伍建设改革的重点群体。下一步，我们将按照《意见》要求，加强部门协同，做好政策衔接，落实改革举措，努力把农民工培养成高素质现代产业工人，不断壮大产业工人队伍，巩固党长期执政的阶级基础和群众基础。

科技日报记者：在发展新质生产力、推动高质量发展中，大国工匠如何发挥示范带动作用？

高凤林：各位记者朋友大家好！

我从自身作为一名大国工匠的角度回答一下这个问题。我是中国航天科技集团第一研究院211厂14车间一名班组长，第一研究院首席技能专家，也是全国总工会和中央电视台联合发布的第一位大国工匠年度人物。我长期从事火箭发动机焊接工作及其研究，在岗位上多次创造提出先进操作法，攻克一系列生产工艺难关，突破多个技术瓶颈，大幅提升产品合格率，解决各类技术难题，为各类型号火箭成功发射提供了保障，确保中国北斗导航、嫦娥探月等多项发射任务顺利实施。单位支持我创建了以自己名字命名的创新工作室，发表了多篇有关论文，申请专利近30项，主编多项行业标准，也因此获得了国家科技进步奖二等奖，并获得全国劳动模范、大国工匠等荣誉。

以习近平同志为核心的党中央十分关心大国工匠人才培养工作。党的二十大报告将大国工匠列为国家战略人才力量。今年两会上，习近平总书记指出，大国工匠是我们中华民族大厦的基石、栋梁。这些都让我感到非常振奋、倍受鼓舞，让广大产业工人倍受激励。

《意见》的出台对大国工匠培养具有重大意义。它不仅明确了培育大国工匠的目标任务，而且还提出“鼓励支持大国工匠、高技能人才参加国情研修”“把大国工匠、高技能人才纳入党管人才总体安排统筹考虑”“引导和支持大国工匠、高技能人才参与重大技术革新、科技攻关项目”“实施大国工匠人才培育工程。持续办好大国工匠创新交流大会暨大国工匠论坛。加强巾帼工匠培养，充分发挥作用。广泛深入开展工匠宣传，在全社会大力弘扬工匠精神，讲好工匠故事”等一系列举措。

发展新质生产力、推动高质量发展离不开大国工匠的示范引领。大国工匠如何发挥作用，我个人认为：一是立足岗位做好示范。大国工匠是技能拔尖人才、创新领军人才，要勇于攻坚克难，积极开展技术创新，推动解决“卡脖子”难题，为发展新质生产力贡献智慧和力量。要做好传帮带，加强班组建设，深化劳模工匠创新工作室建设，发挥好创新攻关、传承技能、培养人才、弘扬精神的功能，带动身边更多职工成长成才、建功立业。二是立足本地区做好示范。积极参加“劳模工匠助企行”专项行动，帮助中小微企业解决设备、工艺、技术难题，助力专精特新中小企业实现可持续发展、高质量发展；积极参加“劳模工匠进校园”行动，在莘莘学子中大力弘扬劳模精神、劳动精神、工匠精神，筑牢团结奋斗的共同思想基础；积极兼任职业学校实习实训教师，广泛传授自身知识和技能。三是在全国层面做好示范。利用好“职工之家”APP等平台，积极上传我们的技能课程、创新成果，向全社会展示大国工匠的风采；积极参加大国工匠创新交流大会暨大国工匠论坛等各类交流展示活动，展示风采、贡献智慧、交流成果。

总之，要在思想政治引领、岗位建功立业、开展创新创造、技术技能传承、工匠人才培养等各方面都发挥示范引领作用，带动广大产业工人为发展新质生产力，推动高质量发展，为强国建设、民族复兴伟业贡献智慧和力量。

谢谢大家！

工人日报记者：2022年试行的“新八级工”制度效果如何？下一步，在畅通产业工人职业发展通道、健全终身职业技能培训制度方面有哪些重点举措？

张达：谢谢你的提问。2022年之前我国技能人才实行的是初级工、中级工、高级工、技师和高级技师五级技能等级制度，为进一步打破技能人才的成长天花板，畅通他们的职业发展通道，我部在2022年出台了《关于健全完善新时代技能人才职业技能等级制度的意见（试行）》，将原有的五级技能等级延伸为八级，也就是在原先的初级工之下新设了学徒工，在高级技师之上，新增了特级技师和首席技师，从而构建了“新八级工”职业技能等级制度。

“新八级工”职业技能等级制度实施以来，各地相继出台了配套措施办法。北京、天津、河北、内蒙古、辽宁、黑龙江、上海、江苏、安徽、江西、山东、河南、湖北、湖南、广东、广西、海南、重庆、四川、贵州、云南、西藏、陕西、宁夏、新疆等20多个省份组织企业开展特级技师、首席技师评聘工作。中国船舶、中国石油、中国石化、中国兵器工业、中国航天科技、中国航天科工和徐工集团等企业积极开展技能人才自主评价。截至2024年，已累计评聘特级技师、首席技师4000余人。同时，我部进一步健全技能人才工资分配制度，印发并推动落实《技能人才薪酬分配指引》，引导企业建立与职业技能等级（岗位）序列相匹配的岗位绩效工资制，科学确定和合理提高技能人才薪酬待遇。积极推进工资集体协商，强化工资价位信息服务，强化技能价值激励导向。

“新八级工”制度的建立实施，对于完善职业技能等级（岗位）设置体系、延伸拓展技能人才成长进步阶梯，提高技能人才工资待遇水平、吸引更多劳动者特别是年轻人从事技能工作、增强职工队伍稳定性，激发职工生产创造、项目攻关和技术革新的积极性、提高劳动生产率和企业经济效益，都起着重要促进作用。

下一步，我们将按照《中共中央 国务院关于深化产业工人队伍建设改革的意见》要求，重点开展以下三项工作：

一是大力推行“新八级工”职业技能等级制度，切实加强统筹规划，精心组织，推动有关企业以特级技师、首席技师为重点，自主开展技能人才评价。采取多种方式，通过多种渠道和途径宣传解读技能人才评价、“新八级工”职业技能等级制度等相关政策。

二是积极构建以市场化培训为主导、行业企业自主培训为主体的职业技能培训供给体系，形成以行业企业、技工院校、职业技能培训机构等为主要载体的培训组织实施体系。全力推动技能强企工作。激活企业技能人才培养主体作用，促进企业、院校、政府三方联动，培育建设技能型企业，打造产教评技能生态链。做好培训和评价融通衔接工作。指导企业对参训职工及时开展职业技能等级认定，发放相应职业技能等级证书，促进职工成长成才。

三是指导各地加大指导服务力度，引导企业健全体现技能价值激励导向的工资分配制度，推动企业工资分配向关键岗位、生产一线岗位和紧缺急需的高技能人才倾斜，促进产业工人工资合理增长，实现多劳者多得、技高者多得。

中青网记者：《意见》提出实施制造业人才支持计划，国家将如何组织推进？如何增强制造业岗位对青年吸引力？

傅建奇：谢谢这位记者朋友的关注和提问。今年6月，工业和信息化部会同财政部、国务院国资委联合印发关于开展制造业人才支持计划申报推荐工作的通知，计划每年遴选支持100名创新企业家、300名先进制造技术人才、500名先进基础工艺人才，为制造强国建设提供人才支撑。

在制造业人才支持计划实施过程中，我们将重点做好以下工作：一是紧扣重点领域。聚焦新一代信息技术、高端装备制造、集成电路、工业母机、关键软件等重点领域，面向制造业重点产业链高质量发展行动等重点任务，通过地方主管部门和央企推荐、专家评审等程序遴选相关领域急需人才。二是强化人才培养。组织实施专业技术人才知识更新工程等，强化对入选人才的专题研修培训；支持入选人才通过挂职、特聘等方式到高校、科研院所、国家制造业创新中心等进行培养锻炼。三是突出人才使用。优先支持入选人才所在企业承担关键核心技术攻关、产业基础再造等重大项目（工程）；将入选人才指标纳入先进制造业集群、制造业单项冠军企业、专精特新“小巨人”企业、“5G+工业互联网”融合应用先导区等示范项目的认定或评价体系。四是优化人才激励。对先进制造技术人才支持直接申报正高级工程师职称，对先进基础工艺人才中央财政给予每人25万元支持建设技能大师工作室等。推荐符合条件的入选人才申报国家工程师奖、中华技能大奖、五一劳动奖章等表彰奖励；鼓励各地、各单位根据实际，对入选人才在积分落户、子女入学等方面予以支持。

通过上述措施，统筹推进制造业转型升级和保持产业工人队伍稳定。

关于增强制造业岗位对青年吸引力的问题。

习近平总书记多次强调，制造业是立国之本、强国之基。下一步，工业和信息化部将贯彻落实《意见》要求，会同有关部门，积极营造良好发展环境，鼓励和支持更多劳动者，特别是青年一代投身制造业，加快推进新型工业化。

一是强化制造业人才培养。围绕建设现代化产业体系，一体推进产业教育科技人才工作，加强高等教育、职业教育、继续教育有机衔接，推动完善校企协同育人机制，面向制造业重点领域，对接职业标准和岗位规范，开展“项目制”“订单式”人才培养，主动适应制造业人才队伍的新变化和劳动关系的新形态。二是搭建建功立业平台。深入开展全国工业和信息化技术技能竞赛，引导从业者不断提高技术技能水平。建立健全制造业技术技能人才培养评价体系，深入实施职业技能等级认定提质扩面行动，开展数字卓越工程师能力评价，让制造业人才职业发展纵向有阶梯、横向可转换。三是营造良好工作环境。鼓励和支持制造业企业改善工作环境和劳动条件，提高待遇保障，丰富精神文化生活。加快制造业企业数字化转型，推动新一代信息技术全方位全链条普及应用，提升企业对高水平人才的集聚能力。保障新就业形态劳动者等群体合法权益，引导督促企业落实劳动合同制度，强化产业工人服务保障。四是加强宣传引导。大力宣传制造业典型模范人物的先进事迹和卓越成就，提升年轻人对现代制造业的认识和兴趣，激励更多劳动者特别是青年人走技能成才、技能报国之路。持续完善关心关爱劳模工匠和技能人才的常态化机制，推动落实劳模工匠待遇，让劳动光荣、技能宝贵、创造伟大在制造业蔚然成风。

谢谢大家。

劳动午报记者：地方工会如何积极发挥作用，建设一流产业技术工人队伍，促进地方经济社会高质量发展？

张良：谢谢你的提问。党中央、国务院出台关于深化产业工人队伍建设改革的意见，意义十分重大，为我们进一步全面深化改革指明了方向。

北京市委、市政府一直以来高度重视产业工人队伍建设改革，将其作为巩固党长期执政的阶级基础和群众基础的重大政治任务，始终抓紧抓实。成立市产改协调小组，市委分管领导任组长，加强组织领导，健全工作机制，各成员单位履职尽责，形成工作合力。出台《关于加强新时代首都高技能人才队伍建设的实施方案》《北京市“十四五”时期职工发展规划》等70余项制度文件。市委、市政府与全国总工会共同主办第二届大国工匠创新交流大会暨大国工匠论坛，在全社会营造劳动光荣、技能宝贵、创造伟大的浓厚氛围。发挥首都教育、科技、人才优势，完善产业工人技能形成体系，落实终身职业技能培训制度，系统推进首都工匠学院、职工创新工作室等阵地载体建设。截至2024年，全市技能人才354.44万人，其中高技能人才120.62万人，人工智能、集成电路等高精尖产业核心技术技能人才均超过4万人。工匠人才竞相涌现，5人获评大国工匠，9人确定为大国工匠培育对象，选树北京大工匠68名、各级工匠千余名，为推动新时代首都发展注入强劲动力。

下一步，我们将深入学习贯彻党的二十届三中全会精神和习近平总书记关于产业工人队伍建设改革的重要指示精神，立足首都城市战略定位，聚焦高水平人才高地建设，以首善标准抓好改革。

一是强化组织领导。充分发挥市产改协调小组作用，加强改革的政策、进度、效果统筹。与深化产改意见对标对表，明确任务书、路线图和时间表，实现顶层设计与基层创新相结合、重点突破与整体推进相结合。履行工会牵头抓总职责，各成员单位强化分类指导，各类企业发挥好主体作用。

二是落实重点任务。围绕战略性新兴产业、未来产业，深化首都现代职业教育体系建设改革，建设“产教评”技能生态链，健全

“新八级工”职业技能等级制度，推进“1+40+N”首都工匠学院体系建设和每年500名工匠人才培育选树工程，创新开展劳动和技能竞赛、“劳模工匠助企行”等，培育造就更多大国工匠、高技能人才。

三是当好桥梁纽带。落实保障产业工人主人翁地位的制度安排，推动《北京市集体合同条例》修订，完善技术工人薪酬待遇增长机制，健全企业民主管理制度和劳动争议调解联动机制，切实提高产业工人获得感、幸福感、安全感。

改革永远在路上。我们将充分激发调动广大产业工人的劳动热情和创造活力，推动党中央决策部署在京华大地形成更多生动实践。

我简要介绍这些，谢谢！

人民日报记者：国有企业如何强化政治责任，在推进产业工人队伍建设改革中发挥带动作用？

丁文强：谢谢你的提问，中国船舶集团是特大型国有重要骨干企业，集团公司党组深入贯彻习近平总书记关于产业工人队伍建设改革的重要指示精神，在全国总工会、国务院国资委的领导下，扎实推进产业工人队伍建设改革。

一是强化政治责任，建强工作体系。在顶层设计上，坚持党建引领，将产改纳入大党建工作体系和“党建三年扬帆行动”计划，形成党组领导、工会牵头、部门协同、全员参与的工作格局。在实施推进上，坚决落实党组决策部署，充分发挥工会牵头抓总作用，聚焦五大任务，实施清单管理，年初通过清单部署任务，年末开展成果经验交流提升。在典型培育上，选定1家科研院所（725所）和3家制造企业（江南造船、沪东中华、外高桥造船）两类单位开展试点，树立典型引领示范。在发挥作用上，建强426个劳模工匠创新工作室，将产业工人技术创新嵌入企业技术创新链条。

二是畅通发展通道，打造技能人才高地。建立技能等级、专家培养“双通道并举”的人才培养体系。推进技能人才评价改革，成为国家首批职业技能等级认定试点单位，每年开展技能等级认定15000人次；成为国家首个特级技师评聘试点单位，评选特级技师200名。实施高技能人才培养，设置集团公司首席技师、技能带头人等高级技能专家岗位，对标市场确定薪酬待遇，选聘集团高级技能专家100位；获评中华技能大奖13人，其中包括一对师徒张翼飞和秦毅，这也是师带徒的成果体现。推动产教深度融合，率先成立行业产教融合联盟，布局建立“一带两地”国家级实训基地，开展国家“1+X”证书试点。其中获批的四个证书是特殊焊接技术、邮轮内装工艺、邮轮运营服务、智能产线控制与运维。探索形成“厂中校”现代学徒制模式，与80余所职业院校开展校企合作，为集团和行业发展提供更多高层次技能人才供给，引领行业高质量发展。

三是充分发挥产业工人作用，实现产业价值创造。通过产业工人队伍建设改革，打造形成了一支6万余人的船舶产业工人队伍，在创新工艺工法、破解技术难题、提高生产效率等方面贡献突出，按期优质完成了航空母舰、液化天然气（LNG）船、大型邮轮“造船业皇冠上的三颗明珠”及大型驱逐舰、两栖攻击舰、24000TEU集装箱船等“国之重器”的研制建造。截至今年9月，我国造船业“造船完工量、新接订单量、手持订单量”三大指标均位居世界第一。

下一步，我们将充分发挥国企示范带动作用，深入贯彻落实中共中央、国务院《关于深化产业工人队伍建设改革的意见》要求，多措并举，着力打造一支数量充足、技能精湛、结构优化的船舶一流产业技术工人“国家队”。

谢谢。

中工网记者：民营企业如何履行社会责任，开展民主管理、劳动关系协商等，积极构建全体员工利益共同体？

陈捷：谢谢你的提问。传化是一家创立于1986年，总部在杭州，业务涵盖化学、物流、农业的多元化、多品牌的全球化的企业。员工超过16000人，名列中国民营企业500强的第57位，中国500强企业第180位。传化集团始终以习近平总书记重要指示批示精神为指引，贯彻践行全过程人民民主，积极打造企业与员工的利益共同体、事业共同体和命运共同体。

一是深化企业民主管理。我们是浙江第一家建立党委的私营企业，也是浙江第一家推行职代会制度的私营企业。我们始终坚持和完善职代会、厂务公开、集体协商、民主恳谈会、听证会等制度，企业的发展规划、年度的工作纲要，尤其是跟员工切身利益有关的涉及像工资、福利这样的一些事项，我们都充分听取职工的意见，并且提交职代会审议通过，充分保障员工的知情权、参与权、表达权和监督权。我们集团有400多名工会干部，这些工会干部都建立了访员工、问工作、问生活、问思想的“一访三问”分片联系制度。这五年我们帮助员工解决了1100多个急难愁盼的问题，开展“职工选我为代表，我当代表为职工”提案活动，这五年我们员工提出的合理化建议已经超过了10万件，产生的经济效益也非常显著，员工的合理化建议可以说犹如涓涓溪流汇成江海，对企业贡献了很大的价值，彰显了“企业把员工放在心上，员工就会把企业发展责任扛在肩上”。

二是重视产业工人队伍建设。我们把产业工人队伍建设与企业的科技引领、管理创新、数字化转型高度融合，我们成立了技能学院，这个技能学院下面设了 8 个工匠学院，开展职业技能培训，分层分类建立标准化、规范化的培养体系，建立青年预备骨干、精英、栋梁四级成长梯队，实行“721”员工学习培养计划，全面打通技术、管理、工匠三大晋升通道；在 6 大职类 80 个职位中开展任职资格评定。通过各种激励措施，努力打造一支高技能的产业工人队伍。

三是多举措提升员工的幸福感和获得感。完善员工关爱保障体系，为员工及其家属建立“传爱计划”，实施覆盖全员的传爱保险医疗互助、困难帮扶，所以这个计划把员工的家庭都囊括了进来。这五年我们累计资助了 2600 多人。去年一位基层员工肝坏死，花费巨大，本来我们都有医保的，但这个病自费承担部分也很高，“传爱计划”给他提供了 30 万的帮助，彻底解决了他的困窘。我们坚持薪酬分配向一线倾斜，建立员工工资收入与企业效益同步的增长机制，完善“以岗定等、以人定级、以级定薪”的薪酬体系，签订工资专项集体合同和能级工资专项集体合同，实行全员人均收入五年倍增计划，实施股权、期权的分享计划，确保员工共享企业的发展成果。

近日，中共中央、国务院发布《关于深化产业工人队伍建设改革的意见》，为推动产业工人队伍建设改革走深走实作了重要指示，传化将继续牢记习近平总书记的殷切嘱托，扎实推进产业工人队伍建设，为民营企业深化产改提供传化经验。

我就回答这些，谢谢。

中央广播电视总台记者：请介绍大国工匠、高技能人才的培训通道、培养措施、评定程序，如何申请、认定劳模工匠创新工作室，以及有关部门是否会给予经济和政策支持。

姜文良：深化产业工人队伍建设改革明确了目标，以培养更多大国工匠、高技能人才为引领，带动一流产业技术工人队伍建设。量化目标是：力争到 2035 年，培养造就 2000 名左右大国工匠、10000 名左右省级工匠、50000 名左右市级工匠。大力培养大国工匠、高技能人才是深化改革的重中之重。

您关注的培训通道、培养措施、支持政策，分布在《意见》的 12 项改革举措中。比如，实施制造业技能根基工程和制造业人才支持计划；鼓励大型企业制定技能人才发展战略；鼓励更多高等学校、开放大学开设劳模和工匠人才、高技能人才学历教育班、高级研修班；把农民工培养成高素质现代产业工人；畅通产业工人向上发展通道，把大国工匠、高技能人才纳入党管人才总体安排统筹考虑；引导和支持大国工匠、高技能人才参与重大技术革新、科技攻关项目；发挥劳模和工匠人才的示范引领作用；实施大国工匠人才培育工程，持续办好大国工匠创新交流大会暨大国工匠论坛，加强巾帼工匠培养，按规定开展表彰工作。大国工匠、高技能人才的培养立体系统、多措并举，贯穿产业工人从学徒工到大国工匠的技能形成全周期。

全国总工会历来重视大国工匠工作。2015 年与央视合作专题宣传大国工匠，叫响做实大国工匠写入 2017 年《改革方案》，2018 年联合央视推出大国工匠年度人物，共推出 112 名大国工匠典型。2024 年，全国总工会开始实施大国工匠人才培育工程，出台《大国工匠人才培育工程实施办法（试行）》，设立大国工匠培育和激励保障专项资金。在全国总工会示范指导下，各地将陆续开展各级工匠人才培育工作。

大国工匠人才培训营是大国工匠人才培育工程的标志性项目。经各级层层选拔推荐，筛选出首批 220 名行业领军技能人才作为培育对象，9 月 9 日在清华大学开班。培训营采取“测—学—践—评”

的培育模式，给每位学员绘制“工匠五力”画像，按照“引领力、成就力、创新力、专注力、传承力”要求进行针对性能力提升，用名师名匠指导学员解决工艺技术难题，对学员的学习参与、课题攻关、参加实践活动发挥作用等方面进行综合评价。今年，还将组织两批赴芬兰开展大国工匠境外培训。

劳模工匠创新工作室是企业培养工匠人才的重要平台。2014 年，每三年筛选 100 家作为全国示范，已创建 297 家，每家全国总工会补贴 10 万元。今年准备重点支持建设 200 家。劳模工匠创新工作室的申请、认定，采取名额分配、省级申报、专家评审的方式确定。

2015 年，全国总工会设立了职工创新补助资金，重点支持劳模和工匠人才创新工作室创新项目，截至 2024 年，已补助一线职工创新项目 329 项，累计发放补助资金 5395 万元。据不完全统计，已结项补助项目累计产生创新成果达 1162 个，获得国家发明专利、新型实用专利、外观专利等授权 610 个，发表专著和论文 330 篇，形成其他各类知识产权 222 个，项目成果荣获国家级、省市级等各级各类奖项 232 项。今年起，职工创新补助资金由 640 万元 / 年增加至 1500 万元 / 年。

刘小琴：谢谢马璐副主席和各位发布人，谢谢记者朋友。我们在会场为大家准备了相关背景材料，大家可以自行取用。希望各位媒体记者对产业工人队伍建设改革工作进行深度采访报道，多出精品力作，在全社会营造浓厚的改革氛围，全总新闻中心将积极配合大家开展工作。

今天的新闻发布会就到这里，再见！

图书在版编目（CIP）数据

迈上新征程 铸就新辉煌：《中共中央 国务院关于深化产业工人队伍建设改革的意见》解读 / 推进产业工人队伍建设改革协调小组办公室编. -- 北京：中国工人出版社, 2025. 4. -- ISBN 978-7-5008-8620-4

Ⅰ. D412

中国国家版本馆CIP数据核字第20247NJ177号

迈上新征程 铸就新辉煌：《中共中央 国务院关于深化产业工人队伍建设改革的意见》解读

出 版 人 董 宽
责任编辑 赵晨羽 周子欣
责任校对 张 彦
责任印制 栾征宇
出版发行 中国工人出版社
地　　址 北京市东城区鼓楼外大街45号 邮编：100120
网　　址 http://www.wp-china.com
电　　话 （010）62005043（总编室）
（010）62005039（印制管理中心）
（010）62382916（工会与劳动关系分社）
发行热线 （010）82029051 62383056
经　　销 各地书店
印　　刷 宝蕾元仁浩（天津）印刷有限公司
开　　本 710毫米×1000毫米 1/16
印　　张 15.5
字　　数 180千字
版　　次 2025年4月第1版 2025年8月第4次印刷
定　　价 42.00元
